Elses Töchter und Enkelinnen

ELSE LASKER-SCHÜLER

Original-Ausgabe 2008 – 1. Auflage – Köln

ISBN 10 3-9810447-5-4
ISBN 13 978-3-9810447-5-1

Herausgeberin:

wort und mensch
VERLAG

Waltraud Weiß
Ingendorfer Weg 71
50829 Köln

www.wortundmensch.de
verlag@wortundmensch.de

Redaktion:
Maria Sassin

Druck: Druck + Papier Meyer GmbH, Scheinfeld
www.meyer-druck.com
info@meyer-druck.com

Anthologie

Elses Töchter und Enkelinnen

Lyrik · Prosa · Bilder

Auf Wunsch wird dieses Büchlein
jeweils
nummeriert und persönlich signiert

Nr.

Signatur:

Jede Art von Kopie ist
ohne Anfrage beim Verlag verboten!

Auflagenhöhe: 200 Stück

Die Herausgeberin macht darauf aufmerksam,
dass pro verkauftem Buch

1 Euro

an die
Else Lasker-Schüler-Gesellschaft e.V., Wuppertal,
zur Bewältigung ihrer kulturellen Arbeit geht.

untertänigst:

Hommage an Else Lasker-Schüler

Marie von Nazareth

Träume, säume, Marienmädchen –
Überall löscht der Rosenwind
Die schwarzen Sterne aus.
Wiege im Arme dein Seelchen.

Alle Kinder kommen auf Lämmern
Zottehotte geritten,
Gottlingchen sehen –

Und die vielen Schimmerblumen
An den Hecken –
Und den großen Himmel da
Im kurzen Blaukleide!

Ob Else mit Maria aus Nazareth verglichen werden kann … Es ist es wert, darüber nachzudenken, denn ganz sicher fanden beide Koseworte für ihre Kinder, ganz sicher sangen beide Unlaute, erfanden Wortgesänge und Schimmerblumen.
Beide Frauen verloren ihren Sohn noch in jungen Jahren. Beide Söhne waren begabt und beliebt. Beide hinterließen keine Nachkommen. Der EINEN Erbe ist die Christenheit, der Anderen sind wir –

Elses Töchter und Enkelinnen

Felsen der roten Pferde

Inhaltsverzeichnis:

Seite

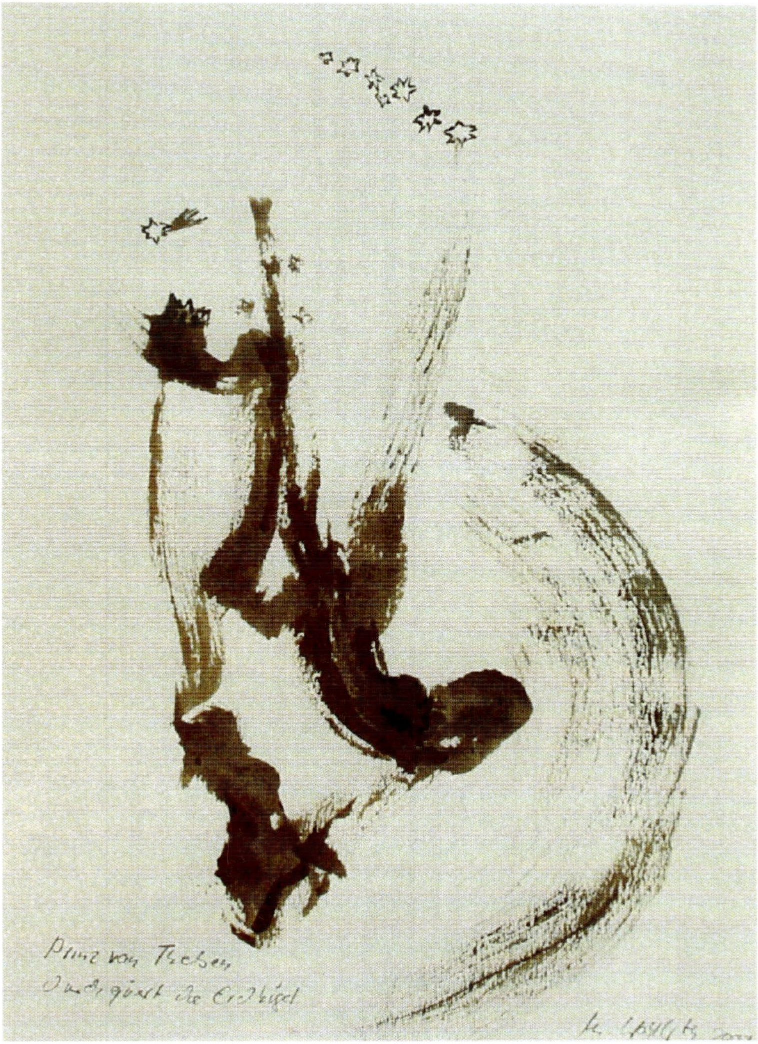

Prinz von Theben durchquert die Erdkugel

Los geht's

Else suchen!

Sie ist weg
Im Schatten
Der Häuserdächer
Nicht sichtbar
Für Gott
Und die Eltern

Else suchen
Und nicht finden
Im Wuppertal
Der Enge der Berge
Der Schlucht der Wupper
Der Farben der Färber

Else suchen
Sie ist
Weg und nur
In der Schwebe
Bahn zu finden
Wo sie ihr Zuhause
Sucht

Else ist
Weg – wer sie
Suchen will
Muss sie lieben ...
Los geht's!
Else suchen

Waltraud Weiß

Wissenswertes über Else Lasker-Schüler

1869 geboren (später nach Heirat mit Herwarth Walden auf 1876 geändert)
1894 geheiratet – Dr. Lasker, prakt. Arzt, in Berlin
1899 Sohn Paul geboren – 1927 an Tuberkulose gestorben
1900/1901 Ehe Lasker geschieden
1902/1903 Vermählung mit Georg Levin – Herwarth Walden - 9 Jahre jünger (geheimgehalten) - 1912 Scheidung - danach nie wieder einen festen Wohnsitz
1880 – 1916 Franz Marc
„Der Blaue Reiter präsentiert Eurer Hoheit sein Blaues Pferd" (Karten und Briefe aus der Zeit von 1912 – 1914) Else sagt dazu: „Der blaue Reiter ist gefallen, ein Großbiblischer, an dem der Duft Edens hing. Über die Landschaft warf er einen blauen Schatten. Er war der, welcher die Tiere noch reden hörte; und er verklärte ihre unverstandenen Seelen. Er ist gefallen. Seinen Riesenkörper tragen große Engel zu Gott, der hält seine blaue Seele, eine leuchtende Fahne, in seiner Hand."
Die Zeit dazwischen lebt Else in den Cafés ins Berlin, hält sich mit Lesungen über Wasser, sie bettelt und wütet in „Ich räume auf …". Elses Kommentar: „Ich wollte, ich wäre jemanden sein Kind."
1932 Kleistpreis (zusammen mit Richard Billinger)
1933 verließ Else Hals über Kopf Berlin, Aufenthalt in Zürich (zuerst auf einer Bank), von der Polizei aufgelesen, danach wird ihr von jüdischen Mitbürgern in der Schweiz geholfen, zu überleben. Sie veröffentlicht in Zeitungen und kann sogar ein Stück im Theater aufführen, das jedoch geschlossen wird, da – wie sie sagt – 42 Juden anwesend waren. Sie muss die Schweiz immer wieder verlassen.
1934 – 1. Palästina-Aufenthalt – als Gottessucherin – dort ent-

steht „Hebräerland"
1937 – 2. Aufenthalt – sie gründet einen Verein mit dem Namen „Der Kraal", dort wurden Vorträge gehalten und sie las ihre Texte, malte die Einladungen selbst und kleidete sich – wie immer – fantastisch-feierlich.
1939 – 3. und letzter Aufenthalt – hier entstand: „Das blaue Klavier" (Lyrik) und „Ichundich" (Theaterstück).
Else starb an einer Angina pectoris am 22. Januar 1945, am anderen Tag wurde sie auf dem Ölberg begraben. Rückerinnernd schreibt Ben-Chorin zum 20. Todestag von Else: „Vor zwanzig Jahren schloss die Dichterin Else Lasker-Schüler ihre brennendschwarzen Augen in der ewigen Stadt Jerusalem zum ewigen Schlaf."

Ruhe fand sie dort nicht
Und auch kein „Zuhause"

Waltraud Weiß

Else und ich?
Else – das Wupperkind
Ich – Das Dhünnkind

Die Dhünn fließt kurz vor der Mündung in die Wupper
Und dann gemeinsam in den Rhein
Die Welt um uns herum war ihr und mir zu klein, zu bürgerlich
Else ging nach Berlin
Ich nach Köln
Aber sie könnte meine Großmutter liebväterlicherseits sein
Beide sind 1869 geboren

Es gibt aber noch mehr Zusammenhänge:
Else spielte mit Knöpfen – ich auch.
Bei uns war es die Armut nach dem 2. Weltkrieg, aber auch die Phantasie, mit Knöpfen Schule spielen zu können
Else hatte einen Lieblingsknopf, der hieß „Josef von Ägypten“
Ob hier schon der „Prinz von Theben“ in ihr wuchs?
Auch ich hatte Lieblingsknöpfe, die saßen in meiner Knopfschule in der ersten Reihe.
Außer der Armut und der Fantasie, mit Knöpfen zu spielen, haben Else und ich noch eine Gemeinsamkeit:
Ich habe zwar zu Hause kein blaues Klavier, aber „ich kenne auch keine Note“
(Mein blaues Klavier)

Eine weitere Verbindung zwischen uns ist
DER LIEBE GOTT
Daher ist eines meiner Lieblingsgedichte von ihr
Im Anfang oder Weltscherzo – !
Und noch eine typische Gemeinsamkeit aus dem Rheinland

gibt es zwischen uns:
Kartoffelpuffer

Und weil ich Else so seelenverwandt bin, möchte ich daran (mit-)arbeiten, dass sie wieder ins Gedächtnis der literaturinteressierten Menschen zurückkehrt. Es lohnt sich ...

Und deshalb mache ich jetzt diese CD „Else“ im
„wort & musik-Club“
- die CD ist wunderschön geworden und im Verlag zum Clubmitgliederpreis für € 10,- zu haben, ansonsten € 12,50.

Waltraud Weiß

Warum „Elses Töchter"?

Else liebte die Männer, aber fast alle Lieben endeten traurig. Sie wurde verlassen oder nicht wieder geliebt.
Und die Frauen?
So viel ich weiß, gab es nur sehr wenige Frauen, mit denen Else zu tun hatte oder die Else ihre Freundin nannte.
An Frauen konnte Else sich nicht aufrichten, keine Träume befestigen, keine Liebe dichten ...
Eine Frau, wie Maria Marc, die sich ihrer NICHT schämte, als sie VIER Mal in München von der Polizei wegen ihres Aussehens aufgegriffen wurde, war eine Frau mit Zivilcourage, getragen von ihrem christlichen Glauben. Sie verteidigte Else: „Wissen Sie denn nicht, wen Sie vor sich haben!"
Frauen wie Tilla Durieux, die sie eher von Weitem beobachtete,
Frauen wie Rose Ausländer (es gibt zwei Texte über sie von ihr) hatten wenig Gemeinsamkeiten mit Else.
Ich will über Elses Töchter und Enkelinnen reden, Frauen, die sich ihr nahe fühlen, gleich fühlen, mitfühlend verstehen, selbst – gerade als Künstlerinnen – sich ein Theben bauen und Glasfelsen, auf denen Wunschtiere leben und blaue Pferde gezüchtet werden und der Bruder Ruben immer für sie da ist.
Nur wir – wir Frauen heute – wissen, dass eine Schwester, eine Freundin dort ein Zimmer haben muss, zu dem die Türe „Verständnis" heißt und (fast) immer geöffnet ist.
In Elses Leben fallen mir nicht viele Frauen ein; das finde ich schade, zumal sich die Männer nie auf ein „Lebenslänglich" einließen. Aber vielleicht brauchte Else dieses „Lebenslänglich" auch nur in ihrer Dichtung über die Liebe ... Das ist auch etwas, was wir heute als Zeitgeistinnen sehr gut verstehen.
Und dann denke ich, wer Else kannte, gibt mir sicher Recht:
Vielleicht war ein Leben mit ihr – so wie eine Otto-Normal-

Verbraucher-Ehe – überhaupt nicht möglich. Von beiden Seiten ...
Elsch war die einzige Dichterin im Expressionismus. Sie war - wie Franz Marc und auch mit ihm - außerdem Malerin, die in Wort und Bild ihr Überleben nur in Traumvisionen fand. Sie war außerdem mit einem Selbstverständnis Jüdin, worin sie jedoch nie eine Andersartigkeit sah; die hatte sie eher und von jeher in sich selbst. Sie sagt zu ihrer Vita selbst: ICH BIN IN THEBEN (Ägypten) GEBOREN, wenn ich auch in Elberfeld zur Welt kam, im Rheinland. Ich ging bis 11 Jahre zur Schule, wurde Robinson, lebte 5 Jahre im Morgenlande und seitdem vegetiere ich."

Vom Expressionismus weiß man, dass er am Beginn der Jahrhundertwende in Form, Bild und Sprache versuchte, die Lust am Grauen der Zeit der Dekadenz durch apokalyptische Umwandlung zu erneuern. Die Expressionisten wollten erlösen, wollten das Entsetzen, das sie im 1. Weltkrieg erlebten, die Ernüchterung, das Grauen darstellen und damit radikal verwandeln. Else erlebte dieses Grauen persönlich durch den Tod ihres Freundes Ruben, nämlich Franz Marc. Er war, mit seiner Frau, vielleicht der Einzige, der Else kannte, liebte und akzeptierte, so wie sie war.

Sie war nämlich: verrückt! Verrückt angezogen, verrückt in ihrer Lebensweise, zumindestens nach der Scheidung von Herbert Walden (er hieß wirklich: Georg Levin), verrückt auch in ihrer Sprache, jedenfalls zur damaligen Zeit. Heute ist ihre Sprache für unsere Ohren ein lyrischer Gesang von seltener Schönheit. Wer fand solche Worte wie sie: maschentausendabertausend weit ... Lamasohn, Moschusthron ... Else war exaltiert; und diese Exaltiertheit hat auch mit dem Expressionismus zu tun; sie wollten anders sein. Maler wie Kokoschka und Franz Marc und später auch Picasso zeigten die Zerrissenheit der Welt auf; sie waren alles Suchende. Else suchte immer ihr Heil ... und sie fand es nur in der Sprache. Sie, die immer sehr erbärmlich lebte, oft nur in Kellern vagabundierte, fand in ihrer Sprache die Welt der Erlösung und Versöhnung. Sie machte heil, die sie liebte; sie wurde Prinz Jussuf und ihre Geliebten wurden Märchenkönige, Kaiser und Edelleute.

Ihr Leben kann man in allen Büchern nachlesen. Sie wurde zwar alt, aber niemals saß sie an einem gedeckten Tisch. Sie wurde berühmt, aber sie musste immer noch betteln. Ob sie wirklich geliebt wurde? Gottfried Benn verriet sie, indem er sich - nachher berichtigt - dem Nationalsozialismus verschrieb und von ihr - spät nach ihrem Tod - von der größten deutschen Dichterin sprach. Ihre größte Tragödie war ihr Sohn, dessen Vater sie niemals preisgab. Er musste in einem Pensionat leben, dafür sorgte sie mit dem Verkauf von Gedichten, Lesungen und Bildern; sein früh erkanntes Malertalent förderte sie auch, aber er starb schon früh, gerade in den zwanziger Jahren.

Was von Else übrig blieb? Selbst ihr Grab wurde von einem Bagger 1957 beim Bau einer Straße am Ölberg ausgehoben! Aber so ist es richtig. Else war eine unstete Seele. Sie war eine Weltbürgerin, eine Liebende, eine Sehnsuchtsmissionarin. Sie gebar die Farbe BLAU; blau ist bei ihr alles, was sie liebt.

Else feiert heute - nicht zuletzt auch durch die 1991 gegründete Else Lasker-Schüler-Gesellschaft - ein Come-back. Für meine Begriffe wird sie allerdings in heutige Formen gepresst, die ihr

nicht passen. Sie war keine Politikerin, aber ein „Prinz“, der sein Land in Liebe regieren wollte, sie war keine Jüdin, wie wir das heute sehen. Natürlich war sie eine, aber das war ihr so selbstverständlich wie dem Christen der Katholizismus. Man hat es oder man hat es nicht, aber deswegen ist man nicht weißer, schwärzer oder grüner!

Bei dem 1. Elsch-Forum sagte eine junge bekannte Schriftstellerin auf die Frage, ob Else heute eine Emanze sei: „Dazu war sie zu schlau!“ Es gab Pfiffe … Ich war wütend! Else war überhaupt nicht schlau. Else musste ständig ans Überleben denken. Else bettelte. Else liebte, auch den Unwürdigen, Else konnte nicht alleine sein, Else machte die Männer zu Fürsten, weil sie in ihr Reich passen mussten, Else war sogar abhängig, von Erfolg, von Anerkennung, von Liebe, aber auch von Alkohol und Drogen. Konsequent war Else nur sich selbst gegenüber. Sie blieb bei ihrer Illusion und bei ihrer wunderschönen Sprache des Herzens. Sie war die einzige Frau unter den bekannten Dichtern dieser Zeit: Kraus (der sich in Ironie und Groteske schützte), Däubler, Dehmel, Trakl, Werfel, Schickele, Benn. Sie alle waren Umhergetriebene, Glücklose. Däubler nach jahrzehntelangem Wanderleben starb in großer Armut, verlassen, krank und vereinsamt 1934, Benn hat sich nach seinem „Doppelleben“ niemals richtig erholt. Hasenclever tötete sich 1940 in einem franz. Lager, Wolkenstein schied freiwillig aus seinem Leben in Paris, Ehrenstein verendete nach zwei Jahrzehnten des Vegetierens im tiefsten Elend in New York, Paul Zech starb nach entbehrungsvollen Wanderungen durch Südamerika auf der Straße in Buenos Aires, Schickele starb verzweifelt 1940 in Südfrankreich (aus „Menschheitsdämmerung“ von Kurt Pinthus). Alleine Becher, gestand 1955 als höchster

Kulturbeamter und gefeiertster Dichter der DDR am Ende seiner poetischen Konfession: „So sehr habe ich dich - die Poesie - geliebt, dass ich auch das, was mir aus tiefster Seele zuwider war, nicht ausschlug und mancherlei unternahm, was nicht nur die Hände beschmutzte, sondern worunter auch die Seele Schaden litt - und dadurch auch - meine Liebe zu dir (der Poesie)." Kurt Pinthus nennt sie alle und damit auch Else Lasker-Schüler: „Der Zug der sehnsüchtigen Verdammten"! Der Expressionismus hatte keine Lösung, fand keine Erlösung!

Aber es blieb etwas: Die Sprache der Sehnsucht! Und in dieser Sprache ist die einzige Frau aus dem „Zug der Verdammten" Else Lasker-Schüler ein „blauer Lichtpunkt" für unsere heutige Zeit!

Ich möchte heute
Else posthum davon überzeugen,

- dass es sich lohnt, Freundinnen zu haben, Töchter, Enkelinnen
- dass frau sich auf Frau verlassen kann
- dass frau solidarisch und fair ist und im Kollektiv denken und handeln kann.

Hören Sie/Lesen Sie doch, was Elses „Töchter und Enkel und Enkelinnen" dazu zu sagen haben:

Illustre Gäste im Palast des Prinzen Jussuf I

Ungeübt

Ach, alles zu lassen
was Be-Zeichnung trug
Tanne, Vogel und Himmelsblau
die Atembereiche Luft
nicht mehr finden zu dürfen
plötzlich ausgeliefert
zu sein – deinem
unendlichen Raum
Die Richtung
kompasslos nehmen
zu müssen –
ins Unbegreifliche - :
welch ein Absprung
U n g e ü b t

Sternsaat

Lauschen in Filigranwald
aus Stille –
über schneeweißem Feld,
dem gefrorenen Eichbaum,
da zittert leise ein Einhorn
durchs Schweigen -
G e h e i m n i s
knistert in Busch und Zweig -
Flügelschlagen
wird hörbar –
silberne Sterne blitzen
im Schnee
und mein Fuß geht
auf weißen Teppichen
immer höher zum
Himmel

Sprecht davon

Sprecht von den Gräbern, die keinen mehr trugen,
von den Kammern, Schaufeln, die sie begruben ...
von der Waise, die man namenlos fand.
Weitab – führt ihr Weg in lichtlose Reih'n,
wo sie froren ohne Haus und Recht,
und sie gingen schlecht, wanderten querfeldein
nebeneinander hin.
Ja, sprecht hiervon!
Sprecht, sucht darin nach dem Sinn:
Dass da Wege waren, wo sie schneckengleich krochen –
Nackt, gehetzt, ohne Tag und Licht,
zu den brennenden Öfen aus Amethyst.

Sprecht von jenen in langer Schicht,
denen kein Engel die Angst weggeküsst.
Nur ein Seraphim, der in eisiger Nacht
mit hängenden Flügeln das Tor aufgemacht.
Wo blieb da die Hand, die die Decke trägt,
die das Bleiche sanft unter Warmes legt?
Egal ob Hindu, ob Jude, ob Christ,
dachtet ihr nicht, dass er euer Nächster ist?
Und der Knabe verwaist, der nachts im Traum sich besinnt,
sucht um das Land, wo noch Brüder sind.

Sprecht davon!

Ölbergangst

Dein leises Gebet am Ölberg
Umrauscht von Raketen
Dein geschundener Leib
In jedem verwundeten Knabenleib Israels
Dein Hungerskelett
Schuldlos ins Gas gestoßen
Deine Furcht im Angstschrei jeglicher Kreatur
Sog
Der sie zum Himmel aufjagt
Deine Fesselung: Ihre
Herausforderung
Sich selbst zu geißeln
Zu kasteien, zu verbrennen, so selbstlos
Zu werden wie DU, mein Gott:
„Wann werden wir es begreifen,
dass unsere Friedlosigkeit den Untergang
dieser Welt herausfordert?“

Aufbruch

Wortlos schließe ich meine Schriften,
erwarte keine Worte mehr –
außer Engelsgeflüster

TRAUM – WEBEN
umgeistern
Federkiel und Silbenrätsel …

AUFBRUCH –
Ins
SPRACHLOSE
Meiner
SEHNSUCHT
Die
Flügel sucht

Illustre Gäste im Palast des Prinzen Jussuf II

Else Lasker-Schüler

Ich lasse mich immer von dem Satz leiten:

„The Poet's Job is To Go Too Far" - übersetzt: Die Sache des Dichters, der Dichterin ist: Zu weit zu gehen!

Und Else Lasker-Schüler ist mir dabei eine Leitfigur. Ihre Direktheit, gepaart mit großer Sicherheit in der Wahl ihrer Bilder, ihre Unablässigkeit in der Anrede derer, die ihr wichtig sind, ihr Gespür für Textur und Stofflichkeit und ihre Liebe zur extravaganten Kleidung, alles das hält sie mir nahe und hilft mir, meine Berührungsängste zu überwinden. Zudem ist sie auch ständig unterwegs und das nicht nur larmoyanterweise, und braucht keine Habseligkeit als Stütze. Sie liebt, wie Hölderlin, das Lebendige.

final version

nein // nicht die ganze dochdoch die ganze nacht musst du durchhalten stehenbleiben dann überlaufen über die grenze grenzgängerin du in das wort // andere können warten aber du musst laufen mitlaufen die schritte alle durchlaufen auch wenn du auf der stelle trittst nicht weiterkommst // die nacht musst du wiederbegleiten ohne irgendwo anzukommen immer an die grenze denken an das auseinanderfallen der zeit ohne zu wissen wo sie fällt liegt läuft ohne dass dich jemand erwartet ohne wohin und ob dort einer/eine/eines einfach herumsteht herumsitzt herumsitzt dich nicht kennt oder kaumkennt und wartet ob du sie kreuzst wenn du sie kreuzst die wortgrenze wie jetzt // da könnte doch da wäre vielleicht jemand ganz nah oder fähig dir nahe zu kommen aber das weiß man/frau/kind nicht und ob du es selber weißt unsicher // sooderso ins reine will es geschriebensein das sieden das sabern das schluchzen im ohr gleichob es auch nur ein falter oder keiner was sich verfängt im ohr ein falter oder keiner in der falte im ohr // ein falter der übergelaufen wie du über die grenze der helligkeit der worte die dann ausgelöscht wird und ihn hinundher flattern lässt festgefahren fest ein falter der weiter flattern will und gegen die grenze der dinge anrennt die im dunkel noch härter sind wie im licht wenn das möglich ist // ja härterundhärter und längerundlänger werden die grenzen während die geduld kürzerundkürzer wird entzweischnappt wenn zwischen zwei oder sonst zwischen drei wenns drei sind // du kennst sie ja diese kreuzundquer laufenden grenzen // ja keine übertreibung genügt wenn die angst gegen die grenzen flattert fällt alles auseinanderflattert ob du willst oder nicht willst du aufgeteilt sein und vondannen // wanndenn? // dannwenn die sprache spricht // aber die sprache spricht nicht sie borgt sich nimmt dir die stimme weg die sprache singt lautlos // und lautlos stiehlt sie sichlautlos aufs neue in die nacht hinein ins dunkeldrein und drausheraus // nur du weißt es // es ist deine stimme die gestohlen deine stimme die da spricht die singt unter einem neuen namen eben dem der sprache als sprache zum mond hinauf am mond vorbei schaukelnd in deinem mund // nur verschluck dich nicht verschluck sie nur nicht verkenn deine stimme nicht aufkeinenfall ganzundgarnicht // deine stimme besinge die über die grenze will und deinen körper mitreißt // zusammen könnt ihr eventuell die angst überholen oder abschütteln die angst die mittönt dich mitpeitscht alles zum wort herauspeitscht alles an dir bricht dich bricht zur sprache zu wortohnelied statt in dein liedohneworte zu münden wo du doch insliedohneworte eilen gleiten magst dich teilen // mitteile mich mit ins reine aufhören führe mich fort dass ich mich lege ein lautloser ton der über die grenze rinnt strahlt wie die nacht immernoch unbedacht und nochundnoch alle grenzwächter entlässt oder in den schlaf singt // die sprache die singt bist doch du du welche weint wiegt manchen/manche/manches dorthin wo sichs ruhen lässt ruhen ließe doch lass los das wodrauf sich ruhen ließ // die sprache schweift über die grenze so dass du nicht weißt wann du beginnst oder aufhörst und damit wärs getan // sodann schliefest du im wachen und wachest im schlaf und die himmelssphären sängen sungen würden dazu singen und an sich selber vorbei // niemand wäre weiter getäuscht dann ob er/sie/es bebte vor angst oder wonne

Jussuf's Freunde

Else!

In Dir liegt Hoffnung
auf Leben in Träumen
den Träumen Leben zu schenken
im Leben Deinen Traum zu leben
annähernd
versuchen
schillernder Vielfalt
das Muster abzukupfern
mit Ornamenten des Zeitgeistes
um der Wirklichkeit willen
gelebte Fantasie am eigenen Körper
auskosten
die Leichtigkeit der Farben
wirbelnd durch die perlenden Gedanken
hinter bunten Fächern
in die blühenden Gärten der Liebe
in die Oasen inmitten von Wüsten
mit den Perlenfischern ins Reich der Ozeane

in Dir liegt Offenbarung
Lieb' Schwester Else
Du bist mir willkommen
flieht der Lauf des Lebens
in Bahnen ohne Gesänge
schwindet der Puls
ins Außerhalb des Seins
verliere ich das Gleichgewicht
auf der Höhe des Zenits
dann versuche ich zu entkommen
meinen überströmenden Gedanken
am blauenden Himmel
einen Weg zu weisen
denn
eines Tages werde ich wissen
der Hügel dort hinter den Wäldern
weist mir den Weg ins Paradies
doch wenn ich dorthin gehe
gibt es niemals ein Zurück

sie flüstern von Abenteurern
die es nicht lassen konnten
ihre verwanderten Gesichter
durch die Wälder zu dem Hügel
zu tragen, sie bewegten sich

auf Wogen von Hoffnungen
in ein größeres Abenteuer
zu gelangen, als es ihnen
bisher beschieden war

blüht dort die Rose der Verheißung
auf Stängeln ohne Dornen
weht dort der Wind
ohne eisige Kälte
gibt es dort das Manna der Verklärung
das dem Geist mehr huldigt
als dem Leib zu frönen

solches wollten sie kosten
teilhaben am himmlischen Gedanken
gleich einer Reinigung ihrer Seelen
ich weiß, eines Tages werde auch ich
durch die Wälder zu dem Hügel
der alles verschlingenden Nöte gehen

und ich werde weder zurück schauen
noch nach dem Warum fragen
der Weg führt zum verlorenen Paradies

Auf dem Weg zu diesem Hügel
warst Du immer unterwegs.

Else Lasker-Schüler - mit ihr in die Stille

Wenn ich den Alltag verlassen möchte, greife ich zum Gedichtband. Einmal dieser Welt entrücken, vergessen, was um mich herum geschieht. Nicht irgendeinen Band nehme ich mit in die Stille, es ist Else Lasker-Schüler.

Sanft geschoben auf Elses Alten Tibetteppich löste mein Herz Knoten für Knoten und knüpfte sich mit ein. Ja, ich möchte ein Fädchen sein, verknotet im Gleichklang lyrischer Verbundenheit. Mein Interesse war da, weiter das Leben und Wirken von ELS zu erfassen und zu begreifen. Literaturquellen ging ich nach und staunte immer mehr.
Fatal ist, dass eine Frau, erst recht, wenn sie sich ‚kindlich' darstellt, belächelt und nicht ernst genommen wird. Hat dieselbe Frau gerade die Erkenntnis hinter sich, dass die Welt, der Mensch nicht gut ist, schlüpft sie in die Kindgestalt, die sie an Geborgenheit, Vertrauen und Liebe erinnert.
Sie erfüllte sich ihre Sehnsüchte, und befand es für gut. Das erfordert Mut und Mut zur Unabhängigkeit von gängigen Mechanismen in der Alltagswelt. Sie hat die Bühne der Normalität, der Banalität verlassen, hat gleichzeitig den schützenden Vorhang zur Seite geschoben und den Weg in die Verletzlichkeit angetreten.
Als „Gottes Schlingel" wäre sie gern ihr Leben lang Kobold geblieben, mit den Menschen zu spielen, sie zu erheitern und sofort Vergebung zu erlangen, um neue Neckereien zu ersinnen. Irgendwann hatten wir alle einmal diesen Traum, allein die Wirklichkeit gebärdete sich rau, und wir vergaßen unsere Träume.
ELS gebar mit jedem Atemzug neue, schönere Träume, die zu neuen Sehnsüchten anwuchsen, sie überwucherten. Sie nahm

sie und schmückte sich damit. Es ist einfach fantastisch, mit welch einer Leichtigkeit sie mit ihren Träumen davonflog und diese sich in Versen niederschlugen.

Sie, die die Seele eines Engels besaß, wurde gezeichnet als Mandrill, eine gewöhnliche Affenart, die ihre Bücher kennzeichnete. Ahne ich, dass dies der Grund gewesen war, warum ich ihre Bücher ganz früh aus der Hand gelegt hatte. Einen Widerwillen spürte ich. Junge Menschen lesen zuerst mit den Augen, und sie mögen keinen Widerspruch. Der erste Blick entscheidet über ‚ich mag dich – ich mag dich nicht'. So muss es gewesen sein. Ich mag dieses Gesicht immer noch nicht und denke an die vielen Leser, die ihr auf diese Weise verlorengegangen sind.

Als sie mir wieder ans Herz gelegt wurde, konnte ich nicht genug davon bekommen. Wochenlang wandelte ich leise zitierend mit ihren Aussprüchen. Aus „Mein Herz" gefiel mir besonders:

Lieber Herwarth, ich bin sehr traurig, ich höre den ganzen Tag Weinen in der Stadt. Wie ich mich umdrehte, war ich es. Ich weine, Herwarth, weil mir jemand böse ist.

Liebe Kinder! Ich habe Karin Michaelis geantwortet. Karin, ich werfe zuerst ein Sternchen in das K Deines Vornamens und grüße Dich! Deine Bücher sind verschiedenfarbene Tauben, weiße, blaue, aber auch rote, dämonische Tauben und goldene und silberne Wirbelwindtauben sind darunter. Deine Bücher setze ich darum nicht in den Bücherschrankkäfig.

In „Gedichte 1902 – 1943" beklagt sie den Tod ihrer Mutter:

Von Einsamkeiten gefangen. Ach Gott! Mein wildes Kindesweh! Meine Mutter ist heimgegangen.

Sie spricht unbefangen aus, was Kinder als Verlassene, von Einsamkeiten gefangen, nicht erklären, nicht begreifen können, nicht wollen, das endgültige Begreifen hinauszögernd.
Es gab ein Kind, das hat mit neun Jahren seine Mutter verloren. Es wehrte sich Abend für Abend gegen den Beschluss, dass seine Mutter niemals wiederkommen würde. Es legte sich in sein Bett und passte verzweifelt auf, dass seine Augen nicht zufallen wollten und traumlos bis zum Morgen schlafen würden. Es wollte wach sein, wenn ein Traum vor seinem Bett steht und die Mutter zurückbringt. Und darum legte es seinen Kopf ganz vorn an die Bettkante. Es malte sich den Moment aus zwischen Wachen und Träumen, dann könnte es seine Mutter sehen, und dann wäre sie wieder da. Es versuchte, seine Mutter aus dem Traum in die Wirklichkeit zu holen.
Die Abende kamen und gingen. Das Kind wurde immer bescheidener. Wenigstens einmal … Aber es konnte nicht begreifen, dass man zum Träumen erst einschlafen muss und Träume sich nicht herbeiwünschen lassen. Als das Kind nicht mehr mit einer Erscheinung rechnete, sah es seine Mutter eine Kellertreppe heraufsteigen. Das Kind stand oben auf der Treppe, doch die Mutter sah ihr Mädchen nicht. Nun musste sie ihre Mutter auch noch verdrängen.

Mein wildes Kindesweh! Auf solche Weise kann ein Mensch, der nun alt geworden ist, sich in die Schatten der Vergangenheit stellen. Und der Schmerz und die Ohnmacht werden noch einmal zugelassen in dem Wissen, es gab mehr als ein wildes Kindesweh!

Ich lese weiter:

Ich höre nicht mehr das Schellengeläute in meinen Ohren; jeder Herzschlag war ein Tanz. Ich kann nicht mehr tanzen, Herwarth, ich weine – Schnee fällt auf meine weinenden Augen. Grüße Theben, meine Stadt, vergiss wie ich nicht den Propheten Sankt Peter Hille, er schrieb voraus: Mir brach die Welt in Splitter.
Mein erster Gedanke beim Lesen ihrer Lebensgeschichte war: Warum hilft ihr niemand? Warum schützt sie niemand? Man sieht doch, dass das nicht gut gehen kann. Alle weideten sich an den Gedichten, an ihren Luftschlössern, die bis in die Morgenstunden zwischen Wolkenreigen und Sternen hell leuchtend Einlass gewährten.
So wie ich sehe, dass sie zwischen ihre Verse fällt, müssten doch auch andere ihre Gratwanderung erkannt haben. Je tiefer ich in ihr Lebenswerk hineingeschaut habe, umso deutlicher musste ich begreifen, dass hier alle Vernunft aussetzt. Sie gehörte weder sich selbst noch der Welt. Sie war hineingeboren in alle Facetten der Liebe und Hingabe, die ein ganzes Bündel von Nebenwirkungen nach sich zogen.
Sie glich zeitweise einem ausgetrockneten Seetangbüschel, das vom Wind meilenweit fortgetrieben, bei Windstille irgendwo am Strand zurückgelassen wurde. Wer weiß denn wo? Wer sollte sie aufheben? Denn der Wind nimmt sein Wissen mit aufs Meer hinaus. Irgendwann, wenn der Wind, den Gesetzen der Natur gehorchend, sich gedreht hatte, tauchte sie wieder auf, ein wenig mehr zerzaust.
Dann wieder setzte sie sich auf goldene Drachen und feuerte den Wind an, sie über Rosen zu den Sternen zu wehen, um ihre Gedichte mit Sternenstaub zu beglänzen oder mit den heißen Tropfen ihres blutenden Herzens Sterne zu glasieren.

Else Lasker-Schüler machte sich solche Sorgen nicht. Sie wusste sehr wohl, dass sie verloren gehen könnte. Sie war aber ganz sicher, dass ein Mensch immer in ihrer Nähe sein würde.
„An mich": Ich schweife umher! Mein Kopf fliegt fort wie ein Vogel, liebe Mutter. Meine Freiheit soll mir niemand rauben, - sterb ich am Wegrand wo, liebe Mutter, kommst du und trägst mich hinauf zum blauen Himmel. Ich weiß, dich rührte mein einsames Schweben und das spielende Ticktack meines und meines teuren Kindes Herzen."
So wie Tage mit Gebeten enden, möchte ich Else Lasker-Schüler bitten, durch ihr „Gebet" unsere Herzen mit ihrer Liebe zu tränken:

Ich suche allerlanden eine Stadt,
Die einen Engel vor der Pforte hat.
Ich trage seinen großen Flügel
Gebrochen schwer am Schulterblatt
Und in der Stirne seinen Stern als Siegel.

Und wandle immer in die Nacht ...
Ich habe Liebe in die Welt gebracht –
Daß blau zu blühen jedes Herz vermag,
Und hab ein Leben müde mich gewacht,
In Gott gehüllt den dunklen Atemschlag.

O Gott, schließ um mich deinen Mantel fest;
Ich weiß, ich bin im Kugelglas der Rest,
Und wenn der letzte Mensch die Welt vergießt,
Du mich nicht wieder aus der Allmacht läßt
Und sich ein neuer Erdball um mich schließt.

Brief an Else Lasker-Schüler

Ich folge deinen Spuren
Neugierig und gewogen
Als einer Feder Leichtgewicht
Und kratz den Rest
An Goldstaub von den Sternen,
Den deine Hand gestreut, verwischt.

Die blaugestrichne Seligkeit
Deut ich als roter Rosen Signatur
Und hoffe gern an Lieb zu spüren,
Die deiner Liebe ähnlich nur.

Es grünen zarte Wehen
Aus deinem Sehnsuchtsschrein,
Vermählen Mond und Sterne
Und alles Engelsein.

Herüber ziehen Klänge
Entfacht vom Augenglanz
Am Rund des Erdenballes
Durch deinen Schleiertanz.

Hier bist du aufzufinden,
Wo Lust und Lieb vereint,
Friedensfahnen schwingend
Ins Ewige gereimt.

Frau Ameise – ein seltsamer nächtlicher Gast

Karin Goetz

Eine Frau

Eine Frau, eine auffallende, faszinierende Frau, eine mutige Frau, sicher keine einfache Frau. Durch einen Zeitungsartikel nahm ich sie das erste Mal richtig wahr.
Ein Mensch voller Fantasie, immer der Wille und der Wunsch, verliebt zu sein und geliebt zu werden. Voller Eigensinn und dem Hang zur Extravaganz. Wenn sie auf der Straße ging, sah man ihr sicher neugierig nach. Sie liebte den Tand und das Anderssein. So ist auch ihre Kunst, so sind ihre Geschichten und Gedichte, so lässt sie mich teilhaben an ihren Sehnsüchten und Wünschen und lässt mich erkennen, dass auch ich diese Wünsche habe, auch wenn ich es nicht immer gleich erkenne. Ein Gedicht von ihr zu lesen, bringt mich der großen Macht, ja nennen wir es ‚Gott', näher. Auch als Zeichnerin tat sie sich hervor, illustrierte ihre eigenen Werke und gab Tino von Bagdad und Jussuf von Theben ein Gesicht.
In ihr erkenne ich, was ich gerne sein möchte und nicht sein kann, weil mir der Mut fehlt, einfach so zu sein, wie ich sein möchte.
Aber Kunst mache ich auch, ich male und mache fantasievolle Objekte und Bücher. Meine Freiheit liegt in der Kunst, hier sehe ich zu, von Zwängen frei zu sein. Hier lasse ich heraus, was in mir brodelt und gärt.
Ich kleide mich nicht sehr individuell und extravagant; besondere Ohrringe, die liebe ich, das ist aber auch schon alles.
Aber zurück zu Else Lasker-Schüler, denn von ihr ist die Rede, was mich an ihr fasziniert, habe ich oben schon erwähnt. Aber

da gibt es auch Dinge in ihrem Leben, die nicht beneidenswert sind.
Sie als Jüdin musste 1933 ihre deutsche Heimat verlassen. Sie ging in die Schweiz, nach Zürich, hatte keine Arbeitserlaubnis, durfte keine Lesungen und Ausstellungen ihrer Werke machen, was ihr mit Sicherheit eine seelische und auch finanzielle Stütze gewesen wäre.
Sie war auf die Wohltätigkeit ihrer Mitmenschen angewiesen, was zur Folge hatte, dass sie sich teilweise nur von Nüssen ernährte oder anderem, was sie geschenkt bekam.
Aber sie fand auch immer wieder Freunde, die sie unterstützten und versuchten, ihr das Leben zu erleichtern.
So konnte sie sich des öfteren bei Freunden am Lago Maggiore erholen. Aber schon bald musste sie zum ersten Mal die Schweiz verlassen; aber es war eine Reise nach Jerusalem, der Stadt ihrer Träume, wohin sie noch zweimal ausreisen musste. Nach der letzten Reise wurde ihr die Rückkehr in die Schweiz verweigert, da der zweite Weltkrieg ausgebrochen war.
Sie musste in Palästina bleiben. „Was soll ich hier?“ fragte sie. Jerusalem war die Stadt ihrer Träume - aber für immer? Sie sprach die Sprache nicht, und was geschieht mit einem Menschen, dem Sprache alles bedeutet, wenn er sich plötzlich nicht mehr in der eigenen Sprache zu Hause fühlen kann?
Sie war sehr unglücklich über ihre noch schlimmere Situation.
Aber unterkriegen ließ sie sich dennoch nicht. Sie machte Lesungen für die deutschen Juden in Palästina, sie gründete den Kral, eine literarische Zufluchtsstätte, und ihre Zeichnungen

bedurften keiner bestimmten Sprache - sie waren internatio-nal. Da sie die Gabe hatte, sich ständig zu verlieben, war ihr Verliebtsein ein Trost

So verging die Zeit und auch ihre Zeit; sie sollte ihre Heimat nie wieder sehen.

1945 erlag sie in Jerusalem einem Herzanfall und wurde auf dem großen Friedhof am Ölberg begraben. Heute läuft eine Straße über ihr Grab; der Grabstein, der in den Wirren der Suezkrise verloren ging und nach Jahren zufällig wieder gefunden wurde und heute als Gedenkstein (veranlasst durch die Else Lasker-Schüler-Gesellschaft e.V., Wuppertal) am Eingang des Friedhofes aufgestellt ist, ersetzt das Grab.

Auch wenn ihr tatsächliches Grab nicht mehr auszumachen ist, und man beim Besuch des Friedhofes kein Steinchen auf ihr Grab legen kann, ist sie doch durch ihre Kunst unvergessen. Zu Ehren und in Erinnerung an ELSch habe ich ein Ausstellungsprojekt für Else Lasker-Schüler gemacht, wo ich auch mit drei Gemälden von dem verlorengegangenen Grabstein, dem Friedhof auf dem Ölberg und Jerusalem, darauf aufmerksam mache.

Ich, in Gedanken eine Tochter Else Lasker-Schülers, wohne immer, wenn ich in Berlin bin, im Hotel Sachsenhof in der Motzstrasse in Berlin-Schöneberg, wo sie zuletzt, als sie noch in Berlin war, lebte, und in Schöneberg bin ich geboren, wenn auch zu einer Zeit, als Else Lasker-Schüler schon in Jerusalem war.

Das Haus „Hotel Sachsenhof“ wurde im Krieg nicht zerstört, und so kann ich ein paar Kleinigkeiten, zum Beispiel das

Treppenhaus hinauf und hinab gehen und mich am gleichen Treppengeländer stützen wie sie einst. Auf die Nachfrage, in welchem Stockwerk, in welchem Zimmer sie wohnte, konnte mir leider keiner etwas sagen.
Im letzten Jahr besuchte ich mit meinem Mann das Grab von Paul, ihrem Sohn, auf dem Jüdischen Friedhof in Weissensee. Ein schlichtes Grab mit einer abgebrochenen weißen Säule als Grabstein.

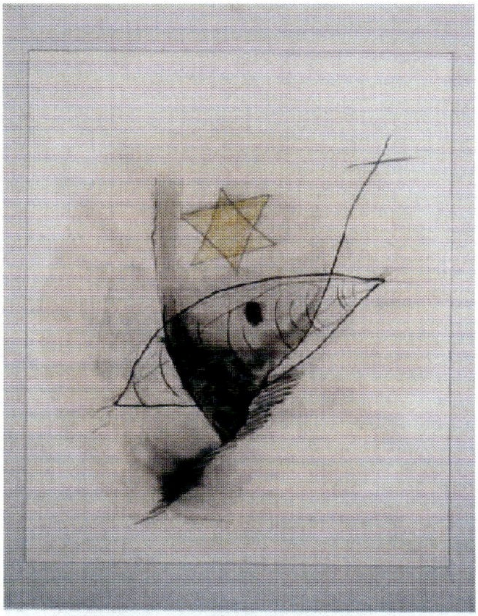

„ Eine Behausung für Schutzbedürftige „

Wenn ich Else suche, dann begreife ich sie am ehesten in Bildern. Vielleicht weil wir unseren Worten in Bildern Traumkleider anziehen.

In dem Bild „Eine Behausung für Schutzbedürftige“ findet, so glaube ich, Karin Goetz ein israelisches Zuhause oder eher ein biblisches Zuhause, nämlich den Stern der Israelis und das Kreuz, das aus einem Kokon entstanden ist, also aus dem Innenleben, der Puppe der Entwicklung.

In ihrem Bild „Elses Grab“ habe ich ihr ein Denkmal gesehen, da es ja ein „wirkliches“ Grab von Else am Ölberg nicht mehr gibt. In diesem – ihrem Grab – liegt Else in Worten, also in einem Buch, das unvergänglich ist. Es ist beschrieben und vielfach gelesen. In ihm wurde oft geblättert, Seiten um Seiten gewendet auf der Suche nach dem ewigen und unvergänglichen Wort.

Ich denke oft darüber nach, wie Else wohl auf diese Bilder reagieren würde. Als Tino von Bagdad oder Jussuf von Theben oder die Verscheuchte in Zürich?

Sie würde seltsam aussehen, kein Mikrofon, keine Kamera würde sie „sehen“ und festhalten wollen. Menschen, vor allem Frauen, die alt und seltsam und hässlich sind, e haben in den modernen Medien keine Lobby. Aber ich bin sicher, würde sie den Mund auftun – auf ihre rheinische oder berlinerische kesse Art - , würde sie ihnen von der Liebe erzählen, sie lägen ihr alle zu Füßen. Alle. Alle Rassen, alle Farben, Männer und Frauen, Arme und Reiche …

Und dann – dann würde sie ihren Tibetteppich ausbreiten und vergrößern, damit alle drauf Platz fänden zur Weltfriedenskonferenz, von der Liebe getragen.
Ach, wäre das schön!

Waltraud Weiß

China zu Gast im Palast des Prinzen Jussuf

Maria Köchling-Graafen

An Else

Abends, da grüße ich Dich, Schwester, Abend für Abend sitz ich mit Dir im Sternenmantel. Eine Stunde am Tag nur ist die Zunge mir gelöst, darf ich sprechen mit Dir, wie ich bin, Schwester, hört mein Ohr Deine Stimme leis weinen, die ich dann verstehe, nur dann, Schwester, fällt das Verwunschfell von mir ab wie zerwaschenes Leinen, bin ich fesselfrei, federleicht wie der Vogel, unverhüllt, spreche eine Sprache mit Dir, meine Schwester, im Sternenmantel.

So wie jetzt sitz ich, lasse der Sommersonne mein goldenes Haar, lasse ihren letzten Strahlen das Bronzebraun meiner Haut, nur noch mit Sternen bekleidet, doch geschützter so als tags mit den vielen Hüllen: mein nacktes Herz neben Deinem im Sternenmantel.

Schau hinauf und hinab von unserem Himmelsgefährt auf die Fülle, die Verschwendung, die Pracht, das Gleißen, Glimmen, das Werden, Reifen, Blühn! Sieh Dich satt, denn selbst im Sommer umschleicht unseren Sternenmantel das Ungetier, umkreist uns das Ungestirn des Vergehns. Meint der Sommer es gar nicht gut mit uns, Schwester? Wie brannte die Sonne meine wehrlose Haut, dörrte sie, dass sie verglimme! Wie fiel des Tages Ungeziefer mich an!

Oh, verkaufen wollten sie mein Herz auf des Sommers Jahrmarkt; gleich neben Deinem hing's, aufgereiht zwischen lauter Kirmesherzen, dick mit Zuckerguss überzogen in Pink und Blau, Schwester, wie zitterte mir die leere Brust: Wohlfeilware – unsere Herzen auf dem Rummelplatz des heißen Tages.

So bettle ich sommers sogar um Deine Worte gegen mein Unheil und mein Böses, Schwester, lass sie mich hören, leih sie mir auch, Deine Worte. Sagen können will ich, wer ich bin, und wo einer mich finden könnte, auch wenn niemand mich hört. Wann als in des Sommers üppiger Vielfalt und Fülle soll das mir gelingen?
Drum schnell, Schwester, lass in Sommerworten uns sammeln die Beeren. Sieh die dunklen Trauben von Johannis, sieh vom Kraut des Johannis die gelben Sterne mit ihrem Purpursaft in der Mitte, sieh, wie alles reift, blüht, verreift, sich neigt, ins Greiflose schwindet. Oh, stopf Dir voll die Sternentasche, nimm auch ein Blatt, ein grüngezacktes Herz, von Johannis zu den Beeren und Blütenköpfen. Greif zu mit der schmalen Hand, der die Nessel nichts tut. Ach, dass alles gleichzeitig reift und vergeht! Spür den Rubin von Johannis zwischen Zunge und Gaumen, rund geschliffen und schmelzend Dir vor Süße wie Weihnachtsmost, getränkt mit Sommerlikör. nasch Dich satt, Schwester, die kleine Weile lang hier im Sternenmantel. Füll Deine Naschtasche Dir mit Trost, der bleibt: Unser Sommer ist kurz. Es kommen andere Zeiten. So füll Dein Naschhorn Dir bis zum Rand, Schwester, dass Du nicht bis zur Neige trostlos bist zu schlimmer Zeit im Sternenmantel.
So lass uns sammeln, iss satt Dich auch, Schwester, einmal satt an den vollen Rispen, nur heute noch voll, satt für den Flug, Du weißt, so mager sind wir beide unter unserem Bronzebraun. Aber lass ja die oberste Beere immer den Vögeln, wie die letzte ganz unten auch – die noch nicht gereifte, auf ihre Erfüllung wartende. Ach, es gibt der prallvollen Rispen genug,

eine kurze Weile lang, wenn wir teilen. Nehmen wollen wir, Schwester, einmal volle Hände haben, nicht stehlen. Fehlen soll auch dem leisesten Sommergezwitscher nichts.

Warum aber bist Du so eilig? Schwester, wie groß sind Dir doch schon die Flügel gewachsen! Willst auf zur Provence? Vergilbtes willst, Verbranntes, Brennendes gar, Duft willst du gleichzeitig, tausend Kräuter auf ausgedörrter Erde, Dich wälzen im Lavendelfeld, schmücken Dir das Haar mit Glimmerglanz des Katzengoldes aus zerbröselndem Stein?

Zerstörerin, Du, Schwester, warte, lass mich nicht allein, schlag mich nicht mit Deinen mächtigen Schwingen! Vergiss der Rosenblüten späte Blätter nicht. Wie werden wir bald frieren. Nie wird wieder Frühling uns werden, wenn wir uns aus tausendmaltausend Blütenblättern nicht weben können das brokatgefasste Hemd aus altem Rosé, verblichenem Gelb und dem mattsamtenen Purpur.

Schwester, so warte doch. Sorgen muss ich, bewahren möchte ich des Sommers Süße. Zucker brauchen die Beeren von Johannis, nur so schmecken sie den Kleinen auf dem Morgenbrot. Gläser such ich noch und Fläschchen, das goldgrüne Öl der Oliven fehlt doch den Blütenköpfen vom Kraut des Johannis, die ich sammelte in der sengenden Sonne des Zenits, das heitere Stille sich streicheln lasse auf bleiche Winterhaut mit rubinrotem Öl.

Warum breitest, Schwester, Du schon die Schwingen aus? Willst nicht bis zur Neige naschen, willst sorgen Du nicht? Vergaßest Du Kind und Mann? Warum willst den Wildgänsen Du vorauseilen, meine Schwester, Zerstörerin Du, lässt mich

sprachlos allein? Greift Giselher nach Dir? Eins nur weiß ich: Alle willst Du sie weinen, die Tränen, die hinter Deinen Augen stehen. Keine kannst Du an mich verschenken.
Erst wenn der Herbst naht, wenn der Regen rinnt, wenn die Farben vergilben, sich ausbreitet, alles verschluckend der Farblosigkeit Flor, dann erst lass uns eilen. Erst dann, Schwester, ist Zeit fürs Fliehn. Doch wohin flüchten im Sternenmantel? Ach, auch die Provence ereilt der Regen, auch das warme Meer peitschen die Stürme. Frost springt an die wütenden Wellen, Schnee deckt den Duft der gebrochenen Kräuter. Verwesungsgeruch ihrer toten Leiber schließlich. Siech liegt des Lavendels Blau.
Vergeblich: Deine voreilige Flucht, vergeblich alles Fliehn. Wollen den Unholden nicht trotzen wir in der Provence, nah dem warmen Meer oder am Busen von Venedig, dem versinkend Vergehenden, oder tauchen wir ein in die Tiefe, suchen Heilung wir in Atlantis, Schwester, dem versunken ruhenden, zu retten unsere Sprache, unsere Herzen, unsere Seele, Schwester Du? Oder ziehn mit den Vögeln wir bis zum Ende der Welt – begleiten werden ihre Schwingen unseren Flug bis zum alles umrandenden, umrundenden Fluss, der da fließt, zu umgeben, zu bergen das Vergängliche, zu retten es in ewig Seliges?
Gib acht, Deine Füße berühren bereits den Boden nicht mehr. Wohin, warum bloß fliegst Du fort mit Riesenflügeln, allein, verschmähst der Sonne mild lächelnden letzten Strahl?
Warum nur fliegst Du so schnell?
Wo find ich Dich, Freundin, zu sagen Dir, dass ein verwittertes Häuschen ich fand für uns zwei. Das möchte ich mieten uns,

da richtete ich Zimmer uns ein: Dir eins und mir eins. Eins ließe ich frei, Freundin, man weiß nicht, wer käme über die schmalen Stege über der brandenden See, die Sommers so warm und friedlich, Herberge will, Du weißt, auf unserer winzigen Halbinsel im Meer.

Sitzen würden wir dort, abends im Sternenmantel, umrauscht vom Tosen, warten, dass da einer käme, bei uns zu sein, da zu sein, zu hören unsere Stimme, zu erlösen unser Weinen, wenn der Herbst endgültig räumt das Feld seinem Bruder Winter, dem Steinherz, das Erbarmen nicht kennt, das dem Spaten verstellt den Stich in die Erde, wenn unsere Sprache versiegt.

Still gäben wir Kerne und Samen unserer Mutter, der Erde, Freundin, auch wenn niemand käme, warteten wir tags und nachts und eine Stunde abends im Sternenmantel auf einen Sprössling frischen Grüns aus unseren Kästchen und Kistchen, Tontöpfen und Schalen.

Wenn ich Dich nur fände, Freundin Du, mit Deinen übergroßen Flügeln am Himmelszelt. Leer stattdessen peitscht der Sternenmantel am großen Gewölbe dahin, nichts hält seine Rösser, die lüsterner als Hyänen ihn ins Verderben ziehn. Wahl gibt's nicht, nicht Halt, ewigen Gesetzen nach jagt er daher, jage ich, Gejagte, der Wärme nach, dem Fühlen, einem Sinn, einer Liebe, einer Wahrheit, die ewig bindet, Deiner Sprache, Deinem Herzen, Dir nach, Freundin.

Wo finde ich Dich am unendlichen Gewölbe, wenn nicht im Sternenmantel, Else?

Die Kalifen von Bagdad

Meine glitzernde Wortweberin

Deine Worte goldbestreut und silberbestäubt
Funkeln dir nach
Nun schon seit 60 Jahren
Und flimmern vor mir her
Ich folge
Den Verheißungen deiner lyrischen Welten
In die Schatzkammer
Eigener Phantasie.

Wer weiß
Wo wir uns wieder sehen

Dein Theben hat viele Wolkentore
Zu einem davon
Hab ich den Schlüssel

Elses Lied

Vor deinem blauen Klavier
Stand ich und hörte
Die Töne deiner Seele
Mit mir sprechen

Sie sandten mich aus
Ins Land der Rehe und Reiter
In bunten Stoffen gewandet
Liebentlang und königlich
Dorthin wo der Engel
Seine Flügel sucht
An den Toren
Einer wunden Stadt

Auf Jerusalems Hügeln
Sammle ich
Deine Wortsteine
An Deinem Grab
Deine Herzblüten
blutrot und ewigazur

Auf deinem maschentausendabertausendweiten
Zauberteppich
Fliege ich
Ins Sternland der Poesie
Und ich lege meinen Kopf
In deinen Schoß,
Urgroßmutter von Theben:

Singe mir mehr,
Else!
Auch jenseits
Von dieser Welt

Artverwandt

Als du mit Sankt Peter
Um die Caféhäuser zogst
Dir Träume blühten
Aus deinen Küssen
Dir die Nacht dunkelte
Fern Deines Prinzen
Hast du mich an mich erinnert

Und wie du das Sehnen liebst
Und die Liebe ersehnst
Wie du
Verschmolzen
Und doch fern der Welt
Das Hohe Lied der
Sinne singst.

Deine Märchen Augen
sprechen mir Bände
Und meine Stirn
Hat Deinen Stern
Im Seelensee Spiegel
Von Anbeginn
Waren wir schwesterlich

Eh ich dich fand
In Büchern und Gedichten
Nah meiner Pulstrommel hin geflossen
Sprach ich noch
Fremde Sprachen im jungen
Land meiner Wege:

Etwas was nach Paradies klang
Und doch Wehklagen schrie.

Dein Zartwort hat meine Liebe getroffen
Mitten im Herzen fand ich mich
Verstanden
Von einer die vor mir gegangen war
Und nun am Ölberg die Ewigkeit salbt
Unter den seelenblauen Himmeln
Palästinas

Du hast mich gekannt
Vor meinem Leben

Gotteslieder

Gotteslieder hast du
Gesungen zur Nacht
Die Hymnen
‚Mostvergoren'
Als die Straßen sich dunkelten
Und nicht mehr sicher waren
So prinzedel erhoben
Hast du getanzt
Und die Flöte gespielt
Jene silberne, feine
Auf den Planken der Wirrwarrmeerfähre
Von Styx, an der Wupper und in Berlin
Als schon die Abgründe sich auftaten

Und du musstest fliehen
In ein Land der hohen Gipfel
Wo man dir das Dichten untersagte
Per staatlicher Weisung

Sage einer,
Lyrik habe keine Macht
Wenn sich die Mächtigen
So davor fürchten!

Du hattest in der einen Hand
Die Sonnenblumen
In der anderen die Peitsche
Sagtest du
Und warst ganz
Dornenstrauch
Und Blütenkranz

Gingst Wege
In drückenden Schuhen
Aber flogst auf goldenen Schwingen

Und immer auf
Der Spur
Vorangestreuter Lichter
Aus liedgöttlicher Hand

Du warst wie eine Fackel

Du warst wie
Eine Fackel
In deiner Zeit
Bist hinein
Gelodert
In die Welt
Um selbst fast
Zu verbrennen.

War die Welt bereit
Zu so viel
Dornenros'ner
Sinnlichkeit?

All die
Meerbewegten Küsse
Aus Farben
Sprechendem Mund.

Deine Geliebten!
Wie schwer
War ihnen
Dein bergehohes
Lieben?

So eine reiche Frau

So eine reiche Frau
War Else
Edelsteinerne Worte
Im Gepäck
Und all die Bilder
Von Morgenland und Skarabäen
Unter smaragdenen Gestirnen -
Engelkostbarkeiten in Jussufs Königreich!

Doch rast- und ruh'los
War der Schritt
Die Seele voll
Mit krumm gehämmerten
Wundenbuckeln
Schwer unter der Last
Der Trauer

Wie ihr Mutter, Bruder, Vater, Freunde
Und ihr Sohn starben
Wie ihr die Lieben zerbrachen
Die hoch geheiligten
Seligkeiten seelenverwobener
Leidenschaften

Wie die Armut im Magen dröhnte
Und alle Glitzerstoffe
Nicht verhüllen konnte
Woran die Welt krankte
Und das Gemüt litt

Dem Hass und der Verfolgung
Der Krankheit und dem Tod
Wie der Krieg den blauen Reiter
Aus dem Sattel fegte,
Die Straßen voller Schläger waren
Und nicht einmal der Kleist-Preis
Wirkliche Ehren brachte

Wie sie dennoch weiterging
Tanz für Tanz
Schritt für Schritt
Wort für Wort
Bis in ihr
Heimlich' Heimatreich
Und ihr das Herz
Stehen blieb

Kurz vor Kriegsende

Du warst für die Liebe geboren

Du warst für die Liebe geboren
Und sie stach dich

Mitten im Reichtum der Sinne
Als du jauchztest und dich
Hingabst, aufgetan
Bis zum innersten
Heiligtum

Die Erfüllung zu ahnen
Und loslassen zu müssen:
Hunger
Im Schrei erstickt
Trieb dich
Durch dein Leben.

Wer so hoch lieben kann
Fällt tief
Wenn die Arme nicht auffangen
Was reif ist im Herbst
Nicht geerntet wird
Von den süßen Lippen
Und nicht in die Kelter kommt
Bereit zu köstlichem Wein

Dein Wildjudentum

Wohnt in meiner Brust
Aus meinen Händen wächst
Dein Murmelmund

Der Fels morscht mir nicht
Ich fruchte unter deinem Gesang
Und was dir entspringt
Ist Ewigkeit

Gott schreit dir nicht mehr
Leben und Leid
Wachsen im Himmel aus einem

Dein Sohn starb
Hinter dem Vorhang
Alleine
Mit dem Engel
Der auch dich
Umfängt

Und deine zigeunerstarken
Kleider trage ich dir nach
Bis wir gemeinsam
Goldäpfel in Honig tunken.

Else und ich

Meine wilde Freundin

Komm wir wollen
Indianer spielen
Zwischen den Wigwams

Wir wollen Wind und Wetter sein
Und aus den Straßen
Alles fegen
Was grau in grau
Das Bunte stört

Mit dir wäre ich jung gewesen
Wie nie

Meine sehende Verwandte

Mit offenen Augen
Sahst du hinter den Kulissen
All die Paläste und Türme

Du sahst aber auch
Die Öfen
Schon brennen
Und wie der Krieg
Dem Teufel entsprang

Mit dir voraus
Hab ich noch schärfer gesehen
Dass ich nicht blind bin
Vor der Welt

Geheimbünde

Ein Bündel Wegerich

Ich ging zum Frühstück ins Café Sichel.
Es ist etwas Neues in der Stadt. Die Menschen schweigen von anderem. An Straßenlaternen, Arkadensäulen, Hauswänden lehnen mehr als vor wenigen Tagen. Freunde sehen älter aus. Auch die Kinder. Fremde kommen von weiter her. Straßen, die eben waren, führen nun bergauf. Ein Teil der Zeit vergeht nicht. Etwas vom Jetzt wird nicht Vergangenheit, tickt, tickt auf der Stelle, wiederholt, wiederholt sich, als sollte da jemand was auswendig lernen. Aber niemand kann sich das merken. Als ich das Café erreichte, hatte ich keinen Hunger mehr.

***

Die kurze Zeit des Aufatmens war vorbei. Die Deutschen waren nach Osten gegangen, nach Russland. Das hatte Palästina zunächst gerettet. Aber sie kämpften dort mit einem zweischneidigen Schwert, das in beide Richtungen tötete, die eine Seite erkämpfte ihre Siege, die andere -

***

Kaum einer blickte auf, während ich durch die Tische und Stuhlreihen ging. Die mich kennen, schlugen ihre Zeitungen zu, manche verbargen sie unter den Tischen, auch die hebräischen, die ich doch nicht lesen kann. Keiner meiner Freunde war da. Ich setzte mich zu Bekannten, die wenigstens deutsch sprechen. Aber die sagten nicht viel. Ich erzählte ihnen von der gläsernen Libelle, die immer noch auf meinem Tisch steht,

auf einem Fetzen Papier mit einer schönen Schrift, die nicht meine ist, und da sagten sie: „ja, ja." und: „ach, wie hübsch", und einer lächelte mich an. Ich griff nach seiner Hand. Ich hatte Angst. Das immerhin war vertraut. Angst habe ich immer gehabt. Angst ist nicht etwas, das sich verbraucht, das weniger wird und irgendwann weg ist. Angst findet überall etwas zu essen, gerade in schlechten Zeiten. Nun sind es schon mehr als sieben fette Jahre Angst. Das ist jenseits der biblischen Grenze. Kein leichtes Träumen und Deuten für Joseph von Ägypten.

Am Nebentisch hinter mir sagte einer ein hebräisches Wort, das ich nicht verstand. Er sagte es noch einmal. Ich verstand es noch immer nicht. Er sagte es zum dritten Mal. Da schaute ich mich um. Der Mann blickte an mir vorbei, auch an allen anderen vorbei und sagte immer dasselbe Wort wie ein schlechter Schauspieler, der seinen Text vergessen hat, und nun weiß er nicht weiter. Zwar, die Souffleuse flüstert ihm zu, sie weiß, wie es weitergeht, aber er nimmt ihren Satz nicht, als könne er sie nicht hören - er muss sie doch hören! - er verweigert die nächste Szene, er ist ein störrischer Schauspieler, er will dieses Stück nicht weiterspielen, er gibt den anderen kein Stichwort mehr, die kennen sich nicht mehr aus, machen verlegene Gesten, das Publikum lacht an unrechter Stelle, die Souffleuse schreit, sie wahrt die Form nicht mehr, ein altes Gesetz des Theaters wird gebrochen, die Souffleuse schreit das Stichwort, ein Beflissener greift danach, der Verweigerer wird übergangen, es geht weiter mit dem Stück, er stirbt halt zwei Szenen zu früh, macht nichts, viel hatte er nicht mehr zu sagen. Sterbend fällt ihm sein Text wieder ein. Er sagt ihn auf wie gerade eben auswendig gelernt, wie noch nicht eingeprobt, ganz ohne

Effekte, wie hinter der Bühnen noch einmal rezitiert, niemand schaut hin. Und nun spielen sie das Stück zuende, sie tun's, sie tun's, nur hinterher will kein Autor vor den Vorhang treten, kein Regisseur, keiner will das Stück geschrieben, keiner es inszeniert haben, es wird nicht applaudiert, keiner will eine Karte gekauft haben für diese Vorstellung, und die Schauspieler legen heimlich die Masken ab, verbergen sie in den Falten ihrer Gewänder, vergessen, welche Rollen sie gespielt haben, Giselher ist dabei und ist einer der wenigen, die die Maske offen in den Händen halten, zerbrochen, zertrümmert, zerrissen hängt sie in seinen Bubenhänden, da hat er nun keine Maske mehr, aber auch kein Gesicht, ich schrie!

Der Kaffee schmeckte mir nicht. Ich aß noch weniger als sonst und floh zu Dr. Tichos indischem Garten. Ich hoffte, da gäbe es Ungeheuer. Was zum Gruseln hätte mir gut getan.

Am Zionsplatz fuhr ein Autobus vorbei. Aus dem Fenster schaute ein Mann mit Augen, die keine Farben sehen können. Ich blieb am Rand der Jaffa Road. Das Bus kam wieder und wieder, er hetzte auf der Jaffa Road hin und her wie ein verängstigtes, gefangenes Tier in seinem Käfig, als fände er den Ausgang nicht mehr, als wisse er nicht mehr, wohin er weiterfahren solle, als suche er eine andere Straßenmündung, vielleicht eine bunte, eine, in der noch Farben sind, wenigstens auf den Reklameschildern, eine, in der man noch auf rotem Hintergrund für Seife werben kann, ohne etwas Schlimmes zu denken. Ob der Fahrer auch farbenblind war, konnte ich nicht sehen. Als der Bus gerade einmal wieder vorbei war, rannte ich über die Straße.

***

Dr. Tichos Frau sah sie über die Jaffa Road laufen, mitten in den Verkehr hinein. Die Autos bremsten. Sie sprang zwischen Kotflügeln und Motorhauben herum, ein kleiner schwarzer Schatten, an jenem Tag ungeschmückt und verblüffend flink auf den Beinen. Sie schien die Gefahr nicht wahrzunehmen, packte auf der anderen Straßenseite Anna Ticho beim Arm und zeigte auf einen Bus, der Richtung Altstadt davonfuhr. Der Fahrer sei verrückt geworden, behauptete sie, aber das sei ja ganz normal.

Da sie Anna Tichos Arm nicht losließ, gingen sie zusammen zum Haus des Arztes und durch den Garten. Sie fragte nach Ungeheuern. Aber noch immer schlichen keine Tiger durch das Unterholz, war der Stresemann der Vogelscheuche das einzig Gestreifte und am überwachsenen Gartenteich sonnten sich keine Schlangen; nur Eva, Tichos kleine Nichte, saß da, rührte mit einem Stöckchen im Wasser und sprang auf, als sie die beiden sah. Sie klammerte sich an Annas anderen Arm und versuchte den kleinen Kinderkopf der Tante unter die Armbeuge zu pressen. Sie weinte. Anna konnte sich von beiden nicht befreien, stand einfach da und wartete, bis das Kind den Kopf hob und sagte:

- Der Onkel ist traurig, weil er den Leuten die Augen nicht mehr gesund machen kann.

Als sie zum Haus gingen, kam ihnen Dr. Ticho entgegen. Da ließ sie Anna los, die nun endlich das Kind aufheben konnte, und fiel dem Arzt in den Arm.

Der fing sie auf, hielt sie fest.

- Was wissen Sie? fragte er. Wer hat Ihnen was gesagt? Das soll man nicht tun. Es ist genug, wenn ich am Ende bin mit aller ärztlichen Kunst. Bilder gibt es, Prinz, es gibt Bilder, die

kann man keinem Menschen von der Netzhaut operieren, die sind da eingebrannt und werden Hintergrund sein für alles, was diese Augen nun anschauen werden. Keine Bilder für Sie, Prinz, gehen Sie, sorgen Sie, dass Sie viele Türen hinter sich schließen und retten Sie uns Bilder.
Aber er konnte die alte Frau so nicht über die Jaffa Road gehen lassen.
- Soll Anna Sie ein Stück begleiten? fragte er.
Sie nickte.

***

Heute nachmittag war ich mit Meira im Cinema Zion.
Ich habe eine große Tüte Himbeerbonbons an der Kasse gekauft. Dann schickte ich Meira vorsichtshalber voraus: kundschaften! Ich bin nicht feige, wenn es um meinen Körper geht. Nie floh ich vor zutretenden Stiefelabsätzen auf dem Nollendorfplatz. Doch nun ist Krieg. Da hat jeder seine Aufgabe. Meira sollte kundschaften, wann die Newsweek vorbei ist. Ich muss meine Bilder durch Bomben und Granaten tragen und mit meinem Körper decken, dass sie sich nicht mischen mit den Bildern auf der Netzhaut von Dr. Tichos Patienten. Die Himbeerbonbons in der rechten, die Kinokarte in der linken Hand drückte ich den Rücken an die purpurrote geblümte Stofftapete, durch den schweren roten Samtvorhang vor dem dunklen Raum hörte ich, was mir alle verschweigen und ich doch schon weiß - sie töten nicht nur, wenn sie kämpfen - an der gegenüberliegenden Wand des schmalen, matt erleuchteten Ganges hängt das Plakat der Vorschau - sie schießen nicht nur auf Soldaten, es stand in den Zeitungen, die sie vor mir zusam-

mengefaltet haben - gegenüber trug Clark Gable, der Retter, auf starken Armen eine bewusstlose Frau - die den Panzern folgen, bringen die Juden um, wo sie grad welche erwischen, sie zögern nicht mehr - den Clark-Gable-Film kenne ich schon, ich habe ihn letztes Jahr im Orion gesehen, aber ich werde ihn noch einmal anschauen, es wird viel geküsst und geschossen darin, Meiras kleine Hand griff durch den Vorhang, ich ließ mich an den Himbeerbonbons hineinziehen in den Raum, die Panzer waren fort, erleichtert sank ich in den Plüsch, die Leinwand war frei für richtige Monster, King Kong glotzte durch ein Küchenfenster im 9. Stock eines New Yorker Hochhauses, sein Gorillagesicht ist erheblich stärker behaart als nur mit einem Lippenbärtchen. Ich bot Meira ein Bonbon an.

***

Sie sagte:
- Kein Kino beginnt mit dem Hauptfilm, bevor ich da bin.
Und sie sagte:
- Ich wollte mal ins Orion, und das wussten die. Und dann bin ich doch ins Cinema Zion gegangen, und im Orion haben sie gewartet und gewartet, und ich kam nicht, und sie haben schließlich doch den Film gezeigt, aber Cary Grant hat sich geweigert Katherine Hepburn zu küssen, er hat immer nur geguckt, wo ich bin. Ehrlich.

***

Ich war bei ihm.
Ich stand halb verborgen in der Hecke auf der gegenüberliegenden Straßenseite und brannte seinem Heim mit den Augen Löcher in die Fassade. Ich war entschlossen: Ich wollte ihm

ein Ständchen bringen, ein morgenländisches, obwohl ich mir der Peinlichkeit dieser Situation bewusst war, denn es war heller Tag und so etwas macht man in der Dämmerung.
Ich öffnete meine Handtasche, zog den Dudelsack heraus - am Fenster eine Frau! Hinter Spitzengardinen ein durchlöchertes Gesicht, von Motten zerfressen, gespaten vom Blatt einer Clivie. Mit wem betrügt er mich da?
Von ihm sah ich nichts. Er lässt mich allein.
Allein in meiner alten Haut.
Allein - im Zimmer mit einer gläsernen Libelle, die steht auf dem Tisch zum Flug bereit – allein.
In meiner alten Haut.
Aber er hat meinen Zettel gefunden, I love you, I love you, und ich trage meine Haut jetzt als ein Gewand, ein königliches. Es fällt über meinen Körper in knisternden, knitternden Falten. So hab ich mich zurückgenommen, so hab ich dir Platz gemacht in meiner Haut. Ziehn dich die jungen Frauen stärker an? Die füllen ihre Häute selber aus. Die lassen nicht viel von dir ein. Ist dir das wirklich genug? Ich gebe dir größeren Raum für eine größere Liebe.
Und die Muster, die sie macht, meine Haut: die feinen Rauten und Dreiecke, die marmorierte Struktur geplatzter Äderchen, die sanftbraunen Flecken beim Treffpunkt geselliger Pigmente …
Und wenn du sie zusammenschiebst, meine Haut, auseinander ziehst, spannst und verspannst, bildest du sacht sich kräuselnde Wellen, und wenn du mich stürmischer liebst, wirfst du sie auf zu höheren Wogen, zu Strudeln und Wirbeln, Springflut von Lippen zu Lenden, von Hals zu Hüfte, Mond kannst du spielen mit meiner Haut, du Mond, ich Meer, mutwillig wechselnde

Gezeiten, Ebbe und Flut. Das geben dir die jungen Frauen nicht. Die lassen dich immer nur Sonne sein.
Und so dünn ist meine Haut. Keine prallen Fettzellen trennen deine streichelnde Hand von meiner Seele. Nur meiner Mutter bin ich einmal näher gewesen, nur mein noch ungeborenes Kind hat mich tiefer berührt.
Zwischen meinem Daumen und meinem Zeigefinger die Haut ist durchsichtig wie Papier, Pergament auch, zerknittertes, über den Knochen meiner Hüften. Wenn du mich glattstreichst, kannst du mich lesen. Aber sei vorsichtig, du. Ich bin eingewickelt in eine uralte Papyrusrolle. Jahrhunderte lag ich in Pyramiden, in den Grabkammern der Pharaonen. Wenn du mich ganz sachte auffaltest und glatt streichelst, kannst du lesen, wer mich liebte: Runen, Hieroglyphen, bunte aztekische Knotenschnüre. Ich habe viel geliebt. Nur auf meinen Augenlidern das Papier ist noch nicht beschrieben. Da trag deinen Namen ein, denn dies wird eine Augenliebe. Ach.
Schreib mir ein Wort auf die Haut, ich mach dir einen Vers daraus und schreib ihn auf deine. Ich will dich beschreiben. Wie du bist. Deine ganze Gestalt will ich beschreiben mit Hymnen, Balladen und Oden. Meine Finger schreiben gut.
Das Muster in den Fingerkuppen ändert sich nicht. In die Fingerkuppen eingraviert ist der ganze Mensch. Seele geht auf Fingerspitzen. Detektive erkennen Mörder, Diebe, Betrüger an den Abdrücken, die ihre Finger ließen, auch noch Jahre nach dem Mord. Wenn meine Finger über deinen Rücken gleiten, machen sie keine anderen Spuren als vor vierzig Jahren auf der Haut des spanischen Prinzen, der Pauls Vater wurde. Warum sollten wir einander nicht lieben können?
Aber meine Augen sind alt. Ich kann die Rillen nicht sehen,

die Wirbel, die Spirale, die mein Ich in die Haut gegraben hat. Ich brauche den Stift, der hat so vieles von mir verraten, und wie die Nadel auf einer Schallplatte liest der Stift zitternd, vibrierend mein Wesen aus den Rillen. Und aus dem Trichter des Grammophons tönen lauter Liebeslieder. Ich probiere alle durch, Zeigefinger, Ringfinger, rechte Hand wie linke, aus all meinen Fingern tönen Liebeslieder. Auch aus den Daumen.

***

Und dann sperrte sie ihn in eine Streichholzschachtel. Sie saß im Café Vienna, weg von der Straße, ganz hinten auf dem Sofa, kippte die Streichhölzer auf den Tisch und zerknackte sie zwischen den Fingern oder brannte sie ab.
- Geschieht ihm doch recht!, sagte sie. Was soll ich immer alleine brennen.
Ein Kellner blieb stets in ihrer Nähe und ließ sie nie aus den Augen.
- Sehen Sie, wie der mich belauert?, sagte sie. Sie haben Angst, ich zünde ihnen den ganzen Laden an. Und recht haben sie. Wer nicht lieben kann, muss hassen. Hass ist der Schatten, den Liebe wirft. Ich würde diese ganze Stadt niederbrennen, wenn ich sicher sein könnte, dass sie im Feuer ist, die - Sie wissen schon wer - die - mein ich und er und ich.

Lösche mein Herz nicht aus -

An Else Lasker-Schüler

Ich lade dich ein
zu teilen meinen Tisch
lausche deinen Worten
Musik sind sie
spüre nach dir

so viel hast du zu sagen
Heute Gestern Morgen
dein Sein
ferner Spiegel
meines Ich

unbekannte Freundin
so vertraut
tausendstimmige Erinnerung
triffst du tief
meine Seele

Ewige Sucherin

Dein Bild hängt vor mir
liegt in meiner Seele.
Streng gelebt im
grünbraunen Alltagskleid
ziert kein Licht deinen Sternenmantel
ungesiegelt bleicht die Stirn.
Grünberingt verschlungen die Hände
jahreslastgeprägt.
Es schmückt dein Haupt
ein weißes Tuch
Versöhnungstaube dem Lebensleid.
Dein Kinn verliert Form
schmallebend der Mund
Falten bitterstreng säumen
Wangenerschlaffen.
Luftverloren die Augen
sehnen schon müd
deinwärts.
Auf goldenen Schuhen
erwartest du
unstet fragend
ewig Suchende
Gottes Überströmen.

(zu Jankel Adlers Bild der Else Lasker-Schüler, 1924)

Hoffnung

Verspricht und hält
Wurzelstarke Wünsche
Im Zauber des Frühlings ein
Hoffnung
Verheißt und formt
Im wissenden Wortknüpfen
Paradiesteppiche
Hoffnung
Ermöglicht und klärt
Das Wachstum unserer Schöpfung
Im Menschen
Hoffnung
Ist das Geschenk der Urmutter
An das fragende, mutige, mündige Kind
Im Garten seines Lebens

Maria für Waltraud

In Stiefeln, im Schlamm,
Im Frühlingsahnen
Im Komposter, im Matsch
In Urmutters Fahnen
Finden wir die Verbindung
Von Generationen
Und alle wissen es, denn sie thronen
Im Beet, im Bauch, im Kopf
und im Sein
Niemand könnte ohne sie sein!

Waltraud für Maria

Frühlingsahnung - Weltgesamt

Anfang Februar, aufkommender Frühlingssturm. Der Himmel hat seine graublau gestreifte, schicke Hose gegen eine schwarzgraue ausgetauscht und pustet kräftig Staub und den Geruch von winterlichen Mottenkugeln hinaus.
Die Erde des Gartens liegt kahl und erwartungsvoll, blumenzwiebelschwanger und sonnenhungrig. Noch ist es zu kalt, zu feucht, doch regt sich schon Einiges, schieben sich Blattspitzen nach oben, erste Schneeglöckchenblüten läuten festkündend.
Zeit, vieles zum Wachsen vorzubereiten, wilde Triebe der Büsche zu stutzen, zu graben, jäten, die Beete vom alten Laub und den toten Herbstpflanzen zu befreien. Erwartung liegt in der Luft, ein Schimmer von Hoffnung. Frühlingsahnen.

Mitten drin ich. Meine uralten Gummistiefel stammen noch von zuhause. Wie lange bin ich da nun schon fort – fünfundzwanzig Jahre? Doch immer bleibt der Ort der Kindheit die Heimat. In den alten, schwarzen Stiefeln bekommen meine Füße Welt-Wurzeln. Dazu ausgewaschene Jacke, Stirnband, geerbte Jeans – Garten-Outfit par excellence.
Die Beete sind für den Moment fertig, heute nur noch das Umsetzen des Komposters beenden. Tief stehe ich im Matsch – gestern hat es in Strömen geregnet. Mit Grabgabel und Spaten werfe ich unverrottete Abfälle in die braune Umfassung hinter dem Gartenhaus, fühle Wind und belebende Kälte, keuche ein wenig bei der schweren Arbeit und fühle – mich.

Aber es ist mehr. Immer in diesen Momenten der ganz engen Verbundenheit zur Natur, der Arbeit mit und in ihr, spüre ich meine Mutter in mir, könnte fast sie sein. So ähnlich hat auch sie ausgesehen früher, ein Stück Land und Erde selbst.

Noch viel mehr ist in mir. Meine Mutter und die Urmutter, die Frau an sich, das Urbild der Ackerbäuerin, die in Liebe mit der Natur rang, um Leben für sich und ihre Kinder zu gewinnen, die die ganze Welt in sich hatte und harmonischer Bestandteil von allem war. Sie steckt in den alten, dreckverkrusteten Stiefeln, durch deren dünne Sohlen ich das Pulsieren des Erdinneren, verborgenes Leben spüre. Dreieck – Urmutter, Mutter, ich. Aber diese Trinität allein ist nicht vollständig.
Plötzlich mitten im Graben der Gedanke an Else Lasker-Schüler – verrückt?! Sie mag gar nicht gewusst haben, wie sich frische, fruchtbare Erde anfühlt. Ich sehe sie vor mir in ihrem ärmlichen Mantel, ihre Taschen und Beutel an sich gedrückt, bepackt und auf der Flucht vor den Menschen. Heimatlos. Und doch beheimatet in vielen Herzen mit ihren wunderbaren Texten, beheimatet in der Liebe, die verbindet und Schranken einreißt. Wieder ein Stück mehr! Ja, das gehört auch zu mir, Else und die Elsetöchter, und Vieles, für das sie zu ihrer Zeit stand, das Fremdartige, das Verrückte, das Mondäne und Individuelle, das weltfremde Sein aus einer anderen Sphäre von Kunst und Künstlern, Idealen und Träumen. Mitten darin die zweite Mutter. Ein Vieleck wird zum Kreis.

Es sind nicht verschiedene Welten, alles ist so sehr eins in mir; selten war es mir so bewusst. Die Wurzeln vernetzen sich in alle Richtungen – die Urmutter ist in allen ihren Kindern. Vielleicht ist es ein Stück Hoffnung, dass sich auch anderswo unterschiedliche Seinsweisen tolerieren und integrieren lassen, sich zu einem wunderbaren Weltgesamt finden?

Ich bin Tochter zweier Mütter. Und wenn der Komposter fertig gefüllt ist, ziehe ich die uralten Matschstiefel aus, und dann trinken wir einen Kaffee im Hilton.

Unhaltbar

Wachhunde und Ketten
sollen mich halten
hinter Mauern des Alltags
stehend zwischen mir und mir.

Die Flügel wollen sie mir nehmen.
Doch reicht ein Blick,
ein Ton, ein Wort
Liebe in mich zu bringen.

Mich leben zu machen,
wie ich bin tief drin,
und meine freie Seele
fliegt über alle Mauern.

Die Gaukler zeigen dem Prinzen ihre Ehrerbietung

Käthi Schneider

Else

Else, Mondfrau,
einen Brief an dich
versuche ich zu schreiben,
versuche ich.

In schillernde Farben getaucht
Else - Jussuf, Prinz von Theben, deine Feder.
Teile meine Liebe zu dir mit deinem Freud Ruben,
der stolz reitet auf dem blauen Pferd.

Deine Wortwunschgebilde
streicheln meine Seele.
Deinen Zauberworten nah zu sein,
will ich reiten gen Theben.

Du lebtest mir vor,
mit Worten zu spielen.
Zärtlich, voller Sommerblütenblätter
waren deine Träume.

Du liebtest das Leben, die Liebe,
die Liebe, Quelle deiner Phantasie.
Flohst aus der Enge,
um wieder zu fliehn.

Suchtest in Jerusalem Heimat,
Fremde unter Fremden,
fern der Heimat,
fern den Freunden.

Jerusalem, deine letzte Bleibe
bis zum Ende.
Der Ölberg letzte Ruhestätte
heimgekehrt zu den Ahnen.

Bist nicht vergessen, Else,
deine Verse ziehen Kreise um die Welt;
deine Worte, Knospen, brechen auf,
in Mohnfeldern erblühend.

Libellengleich flattern sie
und streuen und streuen
Sternenstaub
in die unheilvolle Welt, deine Verse ...

Blaues Klavier

Ich liebe dich, ich liebe dich
weine bittre Tränen
rufe Engel Gabriel
spiel für ihn
auf dem blauen Klavier

Sehe am Tag hellgrünes Blühen
hauche hin einen Sammetkuss
Gitterstäbe brechen
aus nachtschwarzen Fenstern

Von Sehnsucht getrieben
fliege ich auf dem Tibetteppich
zum Mittelpunkt
„meinwärts“

Prinz von Theben

Jussuf
Prinz von Theben
deine Worte
bekamen
goldene Schwingen

Eilten um den Erdenball
pflanzten sich
in unseren Herzen
unseren Seelen fort

Schlugen Wurzeln
erblühten
in blau und rot
und gelb

Wucherten
zu Hecken
verbargen
die Schwärze

Die Schwärze
in dir und
um dich herum
Jussuf
Prinz von Theben

Seidensilberfäden

Seidensilberfäden
in deinem Gewand
Sternenfunkelnde Augen
geheimnisvoll
dein Weg
unerfüllbar
deine Lust
auf Leben und Liebe

In tiefer Trauer
verfolgt
einsam
im Herzen
schufst du Worte
aus Goldlamée
mit Glockenklingen
und Schalmeien

Unvergessen
hallen deine Worte
in uns weiter
träumst dich
in unsere Träume
weckst Phantasie
dein Erbe
in diesem Jahrhundert

Prinz Jussuf besteigt die wilde Pferdin

Elses Ritt ins 3. Jahrtausend

Nichts wie weg –
Else ist auf die Pferdin gestiegen
Die schnaufend vor dem Palast
Steht und auf den Morgenritt
Wartet
Ihre Herrin hat den Sternenmantel
Angezogen
Und die Schnabelschuhe
Um den Hals der Pferdin legte sie
Ein Sternenhalsband
Wohin heute?
Aus Theben heraus
Weit in die wehenden Winde der Wüste
Die sich mit ihrem Herzwehen verbinden
Die Pferdin spürt das wilde Dasein
Der Herrin und Mähne und Mantel
Werden Eins im Wind des Wüstensandes
Alle ihre Untertanen winken ihr zu
Und huldigen ihrer Wildheit
Sie werfen ihre Wüstentücher
In den Sand
Der Hoheit zu gefallen
Und warten darauf
Dass sie absteigt
Und in ihre Wüstenzelte
Einkehrt mit der Botschaft
Ihrer Lieder
Dann malt sie Sterne in Worte
Und Wort zu Sternen
Die leuchten lange
Ihr nach

Sadowastraße

Else wohnt hier nicht mehr.
Sie zog nach Berlin,
dem engen Tal der Wupper -
und der Menschen Enge -
zu entkommen.
In Berlin pulsiert das Leben.
Hier entstehen ihre Gedichte.
Ihre Geschichten machen die Runde.
Else will Frieden
Zwischen sich und dem Sehnsuchtsland
Sie kennt keinen Unterschied
Zwischen Gläubigen
Nicht zwischen Farbigen
Nicht zwischen Liebenden

Und herzen muss sich der Mensch
dann stirbt er nicht *)

Sie stirbt erst - nicht
Aber dieser braunen Masse
Kann sie nicht entfliehen
Ihre Bücher bleiben
Im Feuer nicht verschont
In Berlin nicht,
nicht in Wuppertal und nicht in Zürich.
Sie überleben aber
Nicht nur
In der Sadowastraße

Denn wenn wir uns herzen
sterben wir nicht *)
siehe Text: Versöhnung:
Wenn wir uns herzen, sterben wir nicht

Ich hatte einen Stein für dich

(Else Lasker-Schüler gewidmet;
Ölberg Jerusalem)

Unter tausend Gräbern suchte
ich dich
mit deinem Blick
auf die heilige Stadt gerichtet -
Auferstehung - Aufrechtstehen
sollst du damit
ich dich finde -
beim Namen gerufen:
Else Lasker-Schüler, Sehnsuchts-
blume wächst blau über Steine
und Ölbaumgrund -
die Erde faßt fest umschlungen
deinen Leib und dessen Träne,
der hier seinen Vater rief.
Ich rufe dich, habe
einen Stein als Gruß
von der Wupper zum Jordan!
Und wenn ich dich gefunden habe
lesen wir Sehnsuchtsballaden
und - lachen
über uns!

Wesen der Wupper

Hallo Else,
hier ist eine Deiner Töchter …

Unsere Verbindung sind die Flüsse,
Deine dunkle Wupper
Und meine lebhaft sprudelnde Dhünn

Kurz vor dem Rhein
Verbinden sie sich
Und werden eins
Da möchte ich Dich treffen,
Liebe Else

Gestern
War ich mal wieder an der Stelle
Wo die Kindheit in mein Alter fließt
Wo sich die Dhünn dem Rhein in die Arme wirft

Und der großen Schwester-Mutter Wupper
Anschließt

Eins werden sie
Die beiden Flüsse
Eins im Sein
Im Fließen, im Strömen, im Ankommen
In der Endgültigkeit
Auf dem Weg zum Meer

Liebe Else
Du hast längst den Jordan überschritten

Längst das Tal der Tränen hinter Dir gelassen
Längst den Schatten des Todes ins Licht des Echos mitgenommen

Hier – und Heute –
Wo die Kinder „Wesen der Wupper" gestalten,
wo die Wupper nicht mehr färberschwarz ist
wo sich aber immer noch die Sterne widerspiegeln
wo jeder und fast überall
den Fluss durchqueren kann
hier - und heute –
machen die Kinder darauf aufmerksam
dass dieser Fluss ein Gruß
aus dem Bergischen Land ist
ein Ursprung unseres Wesens
ein Fluss unserer Heimat

Deiner und meiner
Jordan, Dhünn und all die Flüsse,
die Du überquertest
auf Deinem Heimweg ins Hebräerland
Sehnsuchtsstationen,
die jedes Kind unbeschadet
überqueren kann
Sind sie so groß
wie diese beiden Wupperwesen *)
Lustig, bunt und prächtig bemalt
so wie Du
einmal
als Maria Marc Dich verteidigen musste

Diese Wesen (Du und ich)
liebe Else,
müssen nicht verteidigt werden.
Sie verteidigen die Mündung,
den Platz, wo das Feuer
den späten Tag erleuchtet und

in den Nächten Krippengesänge dem Träumenden
Botschaften schenken

Hier ist Ankommen für die Verrückten
dieser Welt
hier und heute
ist das versprochene Land keine Metapher
hier bist du ganz
sicher

*Am Ufer des dunklen Flusses *)*

sitze ich im Wildwuchs
der Böschung
und lausche wortgewellter
Vergangenheit
Erbgut aus sehnsuchtsblauer Weiblichkeit

über den Hängen des bergischen Landes

segeln Gedankenschiffe
in eine Zauberwelt
und begegnen Tino und Jussuf
in Bagdad und Theben
und befreunden sich mir

ungehindert im Fließen zur
Mündung

wo Chemie und Klärwerk längst *)
Else's helle Sterne im Fluss poliert haben
und die Tochter Dhünn **) die Mutter Wupper
kurz vor der Mündung
ins Leben willkommen heißt.

*) Chemie: Bayer, Leverkusen
**) Fluß: Wupper/Dhünn

Zu den Reibekuchen-Texten von Else Lasker-Schüler auf ihren Wunsch:

Ein Reibekuchen-Text

Ob von der Wupper, von der Dhünn,
vom Reibekuchen bin ich hin
und her verzaubert,
ich – Waltraud –
esse Reibekuchen mit Rübenkraut.

Liebe Else, ich rede mit Dir ...

Deine männlichen Nachkommen,
posthume Söhne Deiner Kalifen und Prinzen,
sind erwachsen und groß geworden.
Sie wollen Dir ein Denkmal setzen.
Verdient hast Du es ja ...

Denkmäler, sie machen mir Angst,
sie sind aus Stein und meist überlebensgroß.
Wie will man Liebe in Stein setzen,
Tiefe in Beton?
Tiefe ist nur in Worten –
in meinem Blau – sichtbar!

Deine männlichen Nachkommen
sind immer noch Künstler mit Rang und Namen,
wie damals, Du kanntest sie alle,
Gott und die Welt, und Gott und die Welt
haben Dich verlassen, verhungern lassen ...

Sie konnten nicht anders!
Nie kann der Mensch anders.
Künstler sind abhängig von den Menschen
Und der Mensch vom Künstler ...
Wenn er es zugibt.

Deine männlichen Nachkommen „malen“ immer noch;
In allen Gremien sind sie vertreten
beamtenstatusmäßig.
Deine Wupper ist schwärzer
geworden
und dein Bergisches Land nicht heller.

Beamtenstatusmässig?
Ist das ein Symbol der Sicherheit?

Dann bleib ich, wo ich bin,
als ich ging, dorthin,
wo blaue Blumen blaue Sehnsucht schließen

Hunger, Else, brauchst Du aber nicht mehr zu haben.
Deine Nachkommen suchen Sponsoren.
Das ist Dir nichts Neues.
Du suchtest sie lebenslang.
Und ebenso lang warst Du
hungrig ...

Satt wird der Künstler nur in sich.
Satt und rülpsend glücklich wie ein Kind
machten mich meine Verse.
Orgiastisch bebten alle
meine Sinne.
Das war mein freies Königreich.

Ich weiß, Else, weiß es genau.
Bin wie Du Frau, bin Liebende wie Du,
bin Weltseele, wie Du eine warst
und meine Könige sind auch die, die von der Liebe gekrönt
meine Welt grenzenlos ausufern.

Unter Deinen männlichen Nachkommen,
die Dein Werk weltweit rühmen,
sind auch manche Dichter;
aber sie schweben nicht
wie Deine Schwebebahn,
in der Deine Gedichte hängen.

Deine schwarze Wupper fließt dickflüssig
ins Kölner Becken und ergibt sich gerne
dem Rhein, der nur die Bläue

Deines Himmels ahnen lässt,
wie die Worte Deiner Nachkommen
der Liebe „verklingn“ und „montiern“.

Du bist berühmt geworden und – politisch.
Wir sind dabei, unsere Sünden zu sühnen,
wie Dein Giselher es tat,
als er Dich
die beste deutsche Lyrikerin nannte.
Die bist Du – unbestreitbar!

Was sagst Du dazu,
Prinz von Theben?
Du warst reich in Deinem Land.
Aber Deinen Reichtum hast Du nicht auskosten können,
weder in Deutschland
noch in Israel,
weil man in der Gosse wenig Appetit hat.
Damals konntest Du es
so unvergleichlich schön,
den Reichtum auskosten,
als Ruben noch Dein Bruder war
und Ihr Euch in Wort und Bild ein Weltreich schafftet,
das Trotz bot der Transparenz
zweier liebender Weltschöpfer.

Du hättest Hunger-Collagen
machen können.
Dafür liegt heute überall Müll herum.
Es gibt Abnehmer dafür – und Mäzene.
Du aber nahmst den Müll,
um Dein blaues Klavier vor dem Erfrieren zu retten.

Du bist still geworden, Else.
Die Menschen von heute sühnen
ihre alten Schulden,
und machen neue, andere - Umweltschulden.
Davon schreibt heute der Dichter,
und die Wälder bekommen Deine Farbe blau,
jetzt Vorbotin des Todes.

Das hast Du nicht gewollt!
Dein Blau war eine Botschaft,
war Völkerliebe, Weltreligion,
himmelweite Verbindung,
weltnahe Hoffnung!

Else, hast Du eigentlich eine Freundin gehabt?
Deine Prinzen und Kalifen waren Männer.
Nichts dran auszusetzen,
ich liebe sie auch,
aber zum Trösten braucht frau Frauen!
Meine Kinderfreundin hatte eine Rotznase.
Beim Turnen lief sie mir einmal
mitten ins Gesicht.
Es war eine „aus der Dhünnstraße"
und in unseren Märchen spielte ich Regie.
Sie lehrte mich dies.

Du lehrtest mich auch:
Jeckzusein, wie der Kölner sagt.
Heute wärst Du ein willkommener Paradiesvogel
So verrückt – geschmückt.
Du hast viele Schwestern bekommen
und Töchter und Enkelinnen!

Deine Liebhaber haben Töchter gezeugt,
die Dir gefielen,
Deine Farben tragen sie,
Deine Prinzen lieben sie,
Deine Worte verbreiten sie
unterm Sternenzelt.

Deine Kronen schmücken uns,
Deine Enkeltöchter sind frei,
sind Kalifin von Bagdad,
Bürgermeisterin von Köln
oder Rheintöchter, die ihr Gold selbst bewachen.

Wir haben uns auf unsere Kräfte besonnen,
lieben mit Voraussicht,
mit Nachsicht
und stehen an vorderster Front
mit aufgeklapptem Visier.

Unsere Rüstung ist Wissen.
Deine Nachkommen rüsten zur Zeit ab:
Das würde Dich freuen
am blauen Klavier
und Deine Zelte füllen
mitten in der Wüste.

Dein Weltscherzo „Im Anfang"
würde ein Weltclub voller Gottesschlingel,
und die Schlingelinnen blitzten voller Übermut
und packten Dich
um Deine Säbelhüfte
zum Geburtstag – jedes Jahr
um Karneval herum.

Und der Mondgroßpapa hätte nichts zu tun,
denn der Großmama Augen
strahlten so blau
wie Dein Sternendach,
der Liebe wegen,
der Wupper wegen –
und stimmen würde die Klaviatür ...

... und alle Enkeltöchter fänden Platz
in Wort und Bild
entlang der Wupper-Dhünnmündung,
Dir so nah, so nah ...
60 Jahre nach Deinem Tod –
fließt der Rhein nach Israel.

Du hast das letzte Wort, liebe Else:

Du machst mich traurig – hör

**) Bin (immer noch) so müde.*
Alle Nächte trag ich (noch heute) auf dem Rücken
Auch Deine (und aller Freunde) Nacht,
Die du (ihr) so schwer umträumst (umträumt).
Hast du (Habt ihr) mich lieb?
Ich blies Dir (Euch) arge Wolken von der Stirn
Und tat ihr blau.
Was tust du (tut ihr) mir
in meiner Todesstunde?

*) aus: Hans Adalbert von Maltzahn, Vicemalik von Theben)

Lieb-Else in Prag

Als der König von Böhmen dir Taubenbriefe sandte,
eiltest du in die bekannte
Stadt seiner Untertanen.
Die Karlsbrücke wehte mit Fahnen,
Als ich heute voller Träumerei
eilte auf deinen Spuren
zu St. Nikolei.

Du hattest dein Federkleid
angezogen,
Paul alle Spieldosen aufgezogen.
Er läutete mit dicken Glocken,
und St. Nepomuk trug
dicke Socken,
als sie dich aufnahmen
in die heilige Runde
von „Paul Daniel Jesus“ Literatenstunde.

Seiner Prinzessin schenkte er im grauen Prag
seine Dichtung:
Du ihm auf himmelblauen
Bögen deine Liebe
aus dem Sternendach.
Und Prag unter dem Hradschin wurde wach,
denn aus St. Nikoleis Heiligennischen sättigtest du auf
Sehnsuchtstischen

über den Grabweg hinweg
tollkühne Knaben,
die Augen voller Rauschehonig haben.
Auf deiner Stirne leuchtete der Smaragd hell, bis sich der Tag gewagt, heller noch
als du zu scheinen.
Da begann die Welt zu weinen,
denn deine Könige und Kaiser hier
starben, wie auch dein Wesir
aus dem alten Thebenland,
dem Jussuf königlich vorstand.
Lieb-Else,
die Literaten von Prag weinen
immer noch
unter jüdischen Steinen.

Entnommen: Liebesgedichte von Else Lasker-Schüler
Zu „Paul Leppin“:
- dem König von Böhmen
- dem Daniel Jesus Paul
- Paul Leppin

„Sieh in mein verwandertes Gesicht"

Ausstellung in Wuppertal

Ich fuhr hin, um zu sehen - nach Wuppertal. In die Kunsthalle! Aus Köln kommend. Wuppertal-Barmen, wohlgemerkt! Richtung Zentrum. Und dann? Stop. Ich fragte in einem Lokal, das Gyros anbot. Natürlich konnte mir keiner der stehenden Gäste Auskunft geben. Aber ich solle bis zur nächsten Schwebebahnstation fahren und dann noch einmal fragen. Gesagt, getan. Eine Familie mit 5 - 7 Personen, wovon jede Person eine Torte trug. Ich dachte, die können ja nur von hier sein und mir sicher helfen. Nein, sie konnten nicht! Letzte Möglichkeit: Polizei oder Taxi! Also Richtung Rathaus. Wieder fragte ich, diesmal eine nette junge Frau. Sie hatte keine Ahnung. Mittlerweile hatte ich meine Frage nach der Kunsthalle mit der Ausstellung über Else Lasker-Schüler erweitert. Letztere - so weh es mir tut - ist noch weniger bekannt als die Kunsthalle. Endlich fand ich einen Mann, der gerade aus seiner Garage fuhr: „Können Sie mir sagen ...?" Er konnte: „Links und noch mal links und dann Parkplatz suchen!" Obwohl es eisig kalt war, nahm ich den Parkplatz direkt um die Ecke. Dort war Flohmarkt und ein schrecklich braunes, breites und riesiges Gebäude. Erst sprach ich eine Frau an, die - wie sich herausstellte - eine Türkin war. Dann traf ich wieder auf eine Familie, echt Wuppertal, woll-woll? Sie sprachen alle durcheinander: „Links und dann rechts!" Und endlich kam eine klare Antwort: „Gegenüber vom C & A!" Und dort sahen wir auch das erste rote - und wunderschöne - Plakat. Warum nicht vorher? Die Stadt müsste damit übersät sein. Später sahen wir weitere; sicher mit besserem Blick, nachdem wir „Elses verwandertes Gesicht" gesehen hatten.

Die roten Fahnen mit Aufschrift flatterten uns ein Willkommen. Und dann begleitete Else uns die Treppe herauf, Schritt für Schritt. Was für eine Idee! Ich ging mehrmals mit ihr rauf und runter. Eine Treppe weiter rauf - zur Toilette - ging sie nicht mit. Aber auch dorthin hätte ich sie mitgenommen. Wie Freundinnen es tun, wenn sie sich viel zu sagen haben. Meine Freundin und ich - wir freuten uns auf Else. Eintritt für Mitglieder, die wir selbstverständlich sind (und ich dazu noch im Beirat), reduziert. Gleichzeitig gibt es ein herrlich rotes, kleines und sehr interessant gestaltetes Bändchen über Else. Und noch: Ein T-Shirt mit diesem roten Konterfei und dem grünen Auge und dem Stern auf der Wange und die langen „jecken" Ohrringe ... Und der 2. Almanach über Else ist auf dem Markt. Und Postkarten; eine kleine Fundgrube für Andenkensammler. Else-Sammler!

Über die Ausstellung etwas zu sagen, fällt mir schwer. Einmal durchzugehen - und sei es stundenlang, reicht nicht aus. Es gibt viel zu sehen, zu lesen, zu denken und nachdenklich zu werden. Wenn sie es wüsste! Wenn sie es wüsste, welch einen Reichtum sich angesammelt hat - heute! Der ganze Reichtum ihres Jussuf-Daseins, ihres Frau- und Mutterseins und vor allem ihres Liebes-Seins.

Was blieb mir in Erinnerung? Ihre Bücher, Erstlingsausgaben, versehen mit eigenhändigen Bildern. Wer das sein Eigen nennen kann bzw. darf! Und Paul, überall Paul! Wer von uns weiß denn, wie sie ihn liebte, wie sie jedes Geschnippsel seiner Kindheit aufhob wie ein Heiligtum. Und begabt war dieser Junge! Und ihr so ähnlich! Bei dieser Ähnlichkeit ist es unwichtig zu wissen, wer der Vater gewesen ist. Sie ist die Mutter, immerwährende Gebärende! Sie gebar Worte und Farben. Was war zuerst? Gingen wirklich ihre „Buchstaben in Blüte auf“? Ihre Briefe, einer, voll von Sehnsucht und Bitten an ihren Giselher, er möge nach Ascona kommen. Dann wäre alles gut. Da war es schon zu Ende. Sie hielt jedoch noch an dem Zauber dieses Andersdenkenden fest.

Zauber ist das Wort für ihre Kraft, sich so ausdrücken zu können, in diesen Worten und Farben. Zauber malt ihre Sehnsucht bunt und ihr Land friedlich. Zauber liegt noch in ihren alten Augen; als 67jährige, frischverliebt - auch wieder einseitig. Dann ging sie langsam „meinwärts“ und ließ uns ihren Zauber zurück. Wir fanden ihn nicht so schnell. Der Andersdenkende, sezierende Benn fand ihn 1952, und heute, 50 Jahre nach ihrem Tod, verzaubert sie wieder alle - von Wuppertal bis Zürich, wohin die Ausstellung ab 12. Juni (bis 3. Sept. 1995) geht. Eine Reise in ihr verwandertes (verwundetes, verwandeltes?) Gesicht, ob nach Wuppertal oder Zürich, lohnt sich, nicht nur für die Menschen, die den Zauber suchen, sondern auch für die, die ihn mit ihr gefunden haben.

Für Else:

Ich las und wir sangen
In Deiner Stadt
Deine Texte - ich
Hatte Lampenfieber
Als wärest Du anwesend

Du warst
Anwesend
In Deiner Stadt
Unweit Deines Denkmals
„Meinwärts"

Wenig Menschen
Waren dort
Aber diese mit maschentausendabertausendweiten Herzen
Sie hatten den Sternenmantel an und warteten
In goldenen Schuhen (wie die Frau Pfarrerin)

In dieser Stadt
Die sich einschließt
Im engen Tal der Wupper
Die sich teilt in
Rechts und links
Der Wupper

Voller Einbahnstraßen und Enge
Immer
Wechselt die Zugehörigkeit zur Sprache
Der Liebe
In Deiner Stadt

Immer lenkt Deine Sprache
Der Liebe auf unverwischte Spuren
Rechts und links
Unverschlossen, ungeteilt
Und leichtspurig
Müdesüß schwebend dorthin

Wo das Lampenfieber
Über das Bergische Land
Verdunstet
Und die Schwebebahn keine Heimat
Sondern eine Station ist
Zur Rückkehr

Tanzende Clowns

Bettina Witte

In einem Buch

In einem geöffneten Buch
von dir, liebe Else,
verliert eine Rose ihre Farbe.
Beide,
das Buch und die Rose,
haben intime Gedanken.
In meiner ausgetrockneten Rose
bewahre ich
statt der Farbe und des Duftes
deine schönen Worte,
denn ich lese in ihr.

Wenn ich lese

Wenn ich
Else Lasker-Schüler lese
und dabei die Augen schließe,
schließe daraus nicht,
dass ich müde bin
oder mich gar langweile.
Ich bin hellwach
und lausche dem,
was mir ihre Worte sagen.

Ihre Worte sind wie
blühende Blumen im Sommerwind,
die ihren Duft denen schenken,
die ihn wahrnehmen.

Dichterin

An alle meine Töchter und Enkelinnen
Ich kann Euch keine Antwort geben
Eine Dichterin ist keine Interpretin des Lebens
Ich kann Euch aber einen wunderbaren Traum schenken ....
Einen Traum, von dem Ihr vielleicht alle leben könnt.
Und ich gebe Euch auch gerne den dazugehörigen Schlüssel,
Herzlichst, Eure Else

Danke,
liebe Else,
Du hast uns ein so wunderbares Geschenk gegeben,
wir werden dein Erbe weiterleben!

Die Clowns kommen ...

Zu den Künstlerinnen:

Alle Autorinnen sind „Elses Töchter und Enkelinnen“, Mitglieder in der „Else Lasker-Schüler-Gesellschaft e.V., Wuppertal.
Fast alle Frauen gehören zum „Ensemble Else“, das mit dem Programm „Elses Töchter“ bereits in vielen Theatern aufgetreten ist, u.a. im Rex-Theater Wuppertal, Senftöpfchen-Theater Köln, Frauencafé Pulheim, in Frankfurt beim Verband Deutscher Künstler, im Franziskus-Gymnasium in Attendorn usw.

Traute Bühler-Kistenberger
Autorin und Malerin
Herrsching am Ammersee

*7.4.1926 in Landau/Pfalz, wohnhaft in Herrsching Ammersee, Meisterschülerin der Kunstschule in Würzburg, hervorgetreten durch Malerei, Illustrationen und Lyrik in „im Simpl", „Wespennest", „Windrad", „Zwischenbereich", „Gauke-Verlag" und für die Gruppe 47" (Stahlberg-Verlag). Mehrere Gedichtbände, u.a. verlegt im „Karlsruher Boten" u.v.a.

Der Künstlerin Zeichnungen und Visionen finden eine weitere Ausdrucksmöglichkeit in ihrer Lyrik. Ihre Bilder sind mehr als formale Wiederholungen einer Gestalt oder eines Gesichtes. Es sind tief nachempfundene Eigenwesen aus Fleisch und Blut: „Elses stummer Ruf nach VERSTEHEN lebt hierin; ihre „Sternensehnsucht, ihre Gottsuche". Die Künstlerin ist bemüht, diesen Mezzotermin zwischen Tristesse und Erleuchtung sichtbar zu machen, den Menschen Else hinter ihrer Buntheit darzustellen. Traute BK ist es ein inniges Anliegen, das Shalom über allem Unerlösten, Verlorenen in Elses Seele aufleuchten zu lassen; dieses innerste Antlitz der einmaligen Malerpoetin in seiner letzten Suche nach Frieden zu zeigen, wird ihr selber Mission und Auftrag in Wort und Bild: „Jerusalem": Ziel geheimnisvoller Verschwisterung, zeitloser Wegweiser und Wanderstab.

Radka Donnell
Zürich

Radka Donnell, geb. 1928 in Sofia, verbrachte die Kriegsjahre in Deutschland und emigrierte 1951 in die USA. Dieses Schicksal der Emigration (und das Land des Exils) teilt sie mit Else Lasker-Schüler.

Universitätsabschluss an der Stanford University 1954, Master of Fine Arts an der University of Clorado Boulder. Sie ist Mutter zweier Töchter und wohnt heute in Zürich. Gedichtbände – teils Deutsch, teils Bulgarisch – Einzeltitel und Anthologien – auch im „wort und mensch-Verlag".

Radka Donnell erhielt den Preis der Stadt Zürich und ihr letztes Buch „Die letzte Héloise" (ISBN 3-906566-04-8 Theodor Schmid-Verlag) ist ihr erster Roman, der sich ganz intensiv mit der Landschaft, in der sie wohnt – mit dem Fluss Limmat, der sie literarisch führt und verführt – beschäftigt.

Margit Farwig
Schüttorf

*1940, wohnhaft in Schüttdorf, schreibt Lyrik und Prosa, hat mitgewirkt bei Projekten des Kreises Steinfurt – Lyrik zu Bildern, ist in den Jahrbüchern. Steht in über 40 Büchern, auch von Karl Seemann, gest. 2001, sowie in den Anthologien vom „wort und mensch-Verlag“ Köln.
Im Selbstverlag (1933) brachte sie ihr erstes Buch „Eins mit der Natur“ heraus. Über die Schreibwerkstatt und einen Verlag (2001) „Gezeiten ritzen Haut“, jeweils Lyrik und Prosa. Sie ist Leiterin der evangelisch-öffentlichen Bücherei in Schüttdorf. Für das Gedicht „Zeit“ erhielt sie von der Dichter-Gilde in Bretten eine Urkunde.
Gefragt: „Wie kam ich zu Else“, antwortet Margit Farwig:
Gleichermaßen könnte ich fragen, wie kam ich zu Waltraud Weiß?
Mit Waltraud Weiß in Berührung zu kommen, bedeutet, mit Else verbunden zu werden. Sie schickte mir Elses „Tibetteppich“ frei Haus und ich streckte mich entzückt darauf aus. Ich schrieb Waltraud Weiß: „Der Tibetteppich ist eines der schönsten Gedichte für alle, die sich mit einflechten lassen möchten. Ja, ich möchte ein kleines Fädchen sein, verknotet im Gleichklang lyrischer Verbundenheit.“ Von diesem Zeitpunkt an verschlang ich die Bücher von Else. An ELS bewundere ich die Fähigkeit, alles in einer Urform, einer ursprünglichen Intelligenz in ihren Gedichten auszudrücken. Federleicht greift sie zurück auf die Religion, die Bibel, nimmt Texte und verwandelt sie in Gegenwart, ja spielt sogar damit, als ob es ihr täglich Brot sei; Sehnsucht nach Geborgenheit in der Allmacht Gottes fließt mit ein.
Darum bedanke ich mich bei Waltraud Weiß, dass sie mich sanft auf den „Alten Tibetteppich“ geschoben hat.

Karin Goetz
Malerin / Buchillustratorin
Maintal

1940 in Berlin geboren.
Lebt und arbeitet in Maintal und Bischofsheim an der Rhön.
1983: Gründung der Ateliergemeinschaft und Galerie Mozartstrasse in Maintal mit weiteren vier Künstlern (bis 1995).
1985 Gründung der Sommerakademie in Moosburg/Kärnten (Österreich) in Gemeinschaftsarbeit mit der Stadt Maintal.
Seit 1987 Mitglied des Berufsverbandes Bildender Künstlerinnen und Künstler Frankfurt e.V. (BBK Frankfurt).
Von 1995 – 2003 Pressesprecherin des BBK-Frankfurt.
Seit 2005 Vorstand des BBK-Frankfurt
1997 Gründung der „Edition Karin Goetz", seit 1998 Ausstellerin auf der Buchmesse Frankfurt.
Ankauf eines Künstlerbuches durch das Germanische Nationalmuseum Nürnberg.
Ab Mitte 1996 intensive Beschäftigung mit der Dichterin Else Lasker-Schüler.
Aus dieser Tätigkeit entwickelten sich die handgeschriebenen, collagierten Künstlerbücher.
Seit 1982 regelmäßige Ausstellungstätigkeit im In- und Ausland

Wie sie zu Else gekommen ist:

Sie gehört zu den Enkelkindern oder Urenkeln von Else Lasker-Schüler und hat mit ihren Werken der „Großmutter mütterlicherseits“ ein Denkmal – und unserem Bewusstsein ein Mahnmal des Erinnerns – gesetzt.
Sie schaut auch mal gerne durch eine rosarote Brille, und manchmal ist sie auch ein wenig verrückt – wie Else.

„Sie ist immer kunstbereit“, sagt Karl Blum in „Einführende Worte zu einem Ausstellungsprojekt“ von Karin Goetz. Am liebsten arbeitet sie an Themen – dabei will sie die Dinge hinter den Dingen sehen. Sie will zum Beispiel Menschen in ihrem Lebensverlauf so darstellen, dass durch die Geschichte hinter der Geschichte die Geschichte um so deutlicher hervortritt.
Ihre Arbeiten sind geprägt vom absoluten Kunstwillen und äußerster Subjektivität. Sie steckt voller Ideen, setzt sich eigene Ziele, die sie dann auch konsequent verfolgt.
Die Arbeiten von Karin Goetz bleiben offen für Assoziationen.

Maria Köchling-Graafen
Attendorn-Fernholte

Mitte der sechziger Jahre – ich war vielleicht 15 oder 16 Jahre alt – brachte mein Vater mir einen Leinenband (verschossenes Blau, „Gedichte 1902 – 1943“, handschriftlich darunter mit Bleistift eingetragen: +45 in Jerusalem“) mit. Der für DM 13,- im Antiquariat erworbene Band (1959 in München erschienen) weist das Motto „Meine Lippen glühn / Und meine Arme breiten sich aus wie Flammen...“ auf. Nun, dafür war ich damals bei Gott jung genug.
Ich weiß nicht, wie viele Nächte ich mit diesem verschossenen Blau unter den Lindenkronen über meinem Dachzimmer zugebracht habe. Ich ging in eine Welt, eine Bilderwelt hinein, die fremd und doch meine eigene war, wie Else saß ich im „Sternenmantel“, wie bei ihr hing mein Herz an „jedem Türpfosten“ herum!
Heute weiß ich: Mein Vater hat mir einen unergründbaren Schatz fürs ganze Leben geschenkt. Wer wäre ich ohne Else?

Barbara Lorenz
Schwabach:

Lorenz, geb. Pfotenhauer, * 17.03.1960 in Schwabach bei Nürnberg.

Autorin, Künstlerin, Gourmetblattgoldhändlerin, priv. Zimmerwirtin.

Mensch unter Menschen auf dem Weg zum Gesamtkunstwerk „LEBEN“, jeden Tag neu.

Ihr Motto: „Sei hoffnungsstur, liebesbeharrlich & lösungsfinderisch!“.

Schwerpunkte: Lyrik, Kurzprosa, Essay, graphische Gestaltung. BaLo ist Unterstützerin der „Stiftung Deutsches Holocaust-Museum“. Sie ist dem Humanismus verpflichtet und Etty Hillesums Maxime eines „denkenden Herzens“.

Veröffentlichungen u.a. in Zeitschriften & Anthologien im In- und Ausland, im Radio und Internet.

Erstes Solobuch „Abrabarbara!“, Edition Knurrhahn, Thomas Rüger Verlag, Nbg. 1999. Buchillustrationen, Lesungen, Hörspielerfahrung.

Mitglied der Else-Lasker-Schüler-Gesellschaft, der internationalen Interessengemeinschaft deutschsprachiger Autoren IGdA, des Vereins der Schriftstellerinnen und Künstlerinnen, Wien, des Verbands der Katholischen Schriftsteller Österreichs VKSÖ und der Gesellschaft der Lyrikfreunde, Repräsentanz Berlin/Mecklenburg-Vorpommern. Förderpreis der IGdA 2005.

BaLo* schreibt auch unter dem Pseudonym Rebekka Goldbach-Venetian.

Mehr über sie auf ihren bunten Internetseiten www.blatt-gold.com.

Wie kam ich zu Else?
Else kam zu mir.

Ich tastete mich noch in die Welt, da begann die Wortquelle in mir zu sprudeln. Die Welt wollte mit eigener Sprache benetzt werden. Ich musste ausschwemmen aus den Tagen, was mich verletzte, und aussieben, was mich reich machte.

Rund um mich und in mir Gedanken, die mich packten, und Eindrücke einer Welt, die mir fremd schien, daneben Bücher und Bilder, die mich wärmten.

So ging ich auf Forschungsreise in die Warmwelt der Kunst, und eines Tages blätterte ich um zu Else. Sie saß da auf dem Papier vor mir neben einem halboffenen Koffer und spielte mit bunten Knöpfen. Sie lächelte mich an, und ich blickte in ihre Königskirschenaugen.

Es war, als hätte sie nur darauf gewartet, dass ich ihr Gesellschaft leiste, und als sie mir ihr Lied sang, kam ich heim.

Christa Ludwig
Hohenfels

Geb. 1949 in Wolfhagen bei Kassel, Schule in Dortmund, 1968 – 1974 Studium Germanistik, Anglistik, vergleichende Literaturwissenschaft, Theaterwissenschaft, Sprechererziehung in Münster und Berlin, einige Jahre Lehrerin in Berlin und an der Schule Schloss Salem.
Veröffentlichungen
Lebt seit 1978 mit ihrem Mann und drei Söhnen in Hohenfels (Nähe Bodensee). Seit 1989 freie Schriftstellerin.
Veröffentlichungen (Auswahl):
Der eiserne Heinrich (Anrich Verlag)
Die Federtoten (Anrich Verlag)
Blitz ohne Donner, Ein Lied für Daphnes Fohlen, Carlos in der Nacht, Die Siebte Sage (alle: Verlag Freies Geistesleben)
Das Hörspiel Pendelblut (NDR) wurde zum Hörspiel des Monats gewählt.
Der hier abgedruckte Text ist dem Romanprojekt: „ … ein Bündel Wegerich“ entnommen. Für dieses Projekt erhielt die Autorin ein Stipendium vom Förderkreis Deutscher Schriftsteller in Baden-Württemberg und ein Reisestipendium für Recherchen in Jerusalem vom Auswärtigen Amt und dem Verband Deutscher Schriftsteller.
Frau Ludwig hat an der Pädagogischen Hochschule Weingarten ein Seminar über Else Lasker-Schüler und die Expressionisten gehalten.

Wie ich zu Else kam:
Es war der Knopf, der mich endgültig an sie knüpfte.
Selbstverständlich kannte ich ihre Gedichte. Und selbstverständlich fand ich ihre Person interessant, aber ich hatte nicht die Absicht gehabt, ein Buch über sie zu schreiben. Und dann las ich in ihren „Pseudo“-Kindheitserinnerungen, wie sie so gern mit Knöpfen gespielt hat. Natürlich – ich habe als Kind auch mit Knöpfen gespielt, aber was hat sie damit gemacht! Sie hat die Knöpfe nicht zu Mustern, sie hat sie zu Strophen zusammengelegt. Ich fing an, diese Episode weiterzuspinnen. Und dann war da Joseph, ihr Lieblingsknopf, und aus Joseph wurde Jussuf, und schon hing an dieser Knopfgeschichte ihr ganzes Leben …
Und ein Stück von mir.

Maria Sassin
Rommerskirchen

Geboren am 13.7.1963 in Rees. M.A. der Romanistik.
Lebe nach Aufenthalten in Frankreich, Finnland und längerem Wohnen in Süddeutschland seit 1994 in Rommerskirchen bei Köln.
Neben eigenen Büchern Veröffentlichungen in zahlreichen Anthologien, in Literaturmagazinen und im Net - Lyrik, Kurzgeschichten, Märchen, Kurzkrimis und christliche Literatur.
Kreative Literaturprojekte sowie Schreibprojekte an Jugendkunstschule und Grundschulen, regelmäßige Lesungen im Altersheim, bei der Volkshochschule, in Jugendhäusern und Schulen.
Was ich sonst mag: Lesen, Natur, Wandern, Reisen, Quatschen mit Freunden. Meine drei Kinder, 19, 17, 15.
Eigentlich habe ich erst in den letzten Jahren viel geschrieben, seit mich eine Krankheit zu viel Stillsitzen und -liegen zwingt und ich viele andere Interessen aufgeben musste.
Meine Veröffentlichungen:
Jakob, Miri und Jahwe - Hoffnung aus dem Dornbusch - Wendepunkt 2007 Biblischer Jugendroman
Japhet, Jahwe und die Flut - Rettung vor dem Wasser - Wendepunkt 2007 Biblischer Jugendroman
Der Gesang der Wölfe - Machtwortverlag 2007 - fantastische Kurzgeschichten nicht nur für Kinder
Mohrles fantastische Abenteuer - Wendepunkt 2008
Honoria Katzbachs kuriose Fälle – Wendepunkt 2008
Kinderbuch mit Waltraud Weiß: Krippenhühner „wort und mensch-Verlag" - 2008 heiter-ernstes Weihnachtsbüchlein für Große und Kleine

Mitgliedschaften:
Kunst- und Kulturverein Rommerskirchen
Else-Lasker-Schüler-Gesellschaft
Internationale Gesellschaft deutschsprachiger Autoren (IGdA)

Wie ich zu Else gekommen bin ...
Ich bin eigentlich überhaupt nicht zu Else gekommen – sie ist zu mir gekommen, so wie man alles, das uns im Leben begegnen soll, findet, und wir alle die treffen, die uns bestimmt sind. War da in einem irgendwo gelesenen Vers, stand lächelnd vor ihrem Geburtshaus, als ich in dem heute dort befindlichen Buchladen etwas kaufen wollte. Amüsierte sich, mir hier und da ein Puzzleteilchen ihres Seins zukommen zu lassen, grub sich ins Herz.
So simpel ist das.
Und nun kommt sie manchmal zu mir, unangekündigt, ungeladen, in meinen Alltag, ein Gedanke, ein Wort, ein Bild, und ich freue mich einfach, dass sie da ist.

Käthi Schneider
Köln

Geboren 1938 in Kirberg / Kreis Limburg, heute Hünfelden. Seit 1995 entstanden kleine Texte, Kurzgeschichten und Gedichte, vier märchenhafte Erzählungen, eine Episodengeschichte mit sechs einzelnen Episoden für Kinder.
Teilnahme an kreativen Schreibwerkstätten in der Stadt Köln seit 1995. Seit 1999 in Anthologien beim „wort und mensch Verlag".
2000 eine Kurzgeschichte im Kölner Stadtanzeiger: „Klingelfrau unterwegs".
2001 ebenso die Veröffentlichung „Klingelfrau unterwegs" bei der Bürgerzeitung „big", in Köln- Bickendorf. Seitdem erscheinen dort regelmäßig viermal im Jahr Lyrik- oder Prosatexte.
2004 Veröffentlichung in deutsch und spanisch bei dem Verlag „los Felices". In einer Anthologie „Ein Königreich für unsere Katzen" die Kurzgeschichte: „Der Ausreißer".
2005 Autorenwettbewerb der Stadt Lohmar „Frauenbilder 2005".
2006 beim Ferber Verlag Köln in der Anthologie „Der diskrete Charme", Lyrik.

Ich kam zu Else, als der „wort und mensch" Verlag im Jahr 2000 „Unsere Vorbilder" herausbrachte und einen bunten Tibetteppich als Einband wählte. Ich las zum ersten Mal das Gedicht „Ein alter Tibetteppich". Seitdem lese ich ihre Bücher, ihre Gedichte machen mir Gänsehaut. Else Lasker-Schüler ist für mich ein wahrer Schatz der deutschen Lyrik geworden. Ich verehre sie desto mehr, je mehr ich sie kennen lerne.

Käthi Schneider lebt und schreibt in Köln.

Waltraud Weiß
Köln

7. 5. 1939 in Leverkusen geboren,
lebt seit 1962 verheiratet in Köln
20 Einzeltitel veröffentlicht
Gründungsmitglied der Else Lasker-Schüler-Gesellschaft Wuppertal (1991).
Mit der Anthologie „Unsere Vorbilder – Von Else Lasker-Schüler bis Durs Grünbein“ aus dem Jahre 2000 wurde von Waltraud Weiß die Idee „Elses Töchter“ geboren. Autorinnen, die Mitglied in der Else Lasker-Schüler-Gesellschaft sind, haben sich dem Wort Elses verpflichtet und den Club „Elses Töchter und Enkelinnen“ sowie das „Else-Ensemble“ (CD: „Wir wollen uns versöhnen die Nacht“) gegründet mit vielen Lesungen und Auftritten, u.a. im Rex-Theater in Wuppertal, im „Senftöpfchen-Theater“ in Köln, im Franziskus-Gymnasium in Attendorn und in der BBK (Berufsgenossenschaft Bildender Künstler in Frankfurt) und der Ev. Kirche in Wuppertal-Elberfeld.
Mitglied der „Literarischen Gesellschaft Köln/Freunde der Stadtbücherei e.V.“
Mitglied (zur Zeit: Vorstandsmitglied) der IGdA – Interessengemeinschaft deutschsprachiger Autoren e.V.
Viele Veröffentlichungen, Lesungen und Buchvorstellungen, Fernseh- und Rundfunkporträts im In- und Ausland.
Übersetzungen ihrer Lyrik in italienisch, englisch und polnisch.
Teilnehmerin an der Unesco-Dokumentation Burgenland „Eine Zeile für den Frieden“.
Mit Erfolg abgeschlossenes Studium am Funkkolleg: Literarische Moderne.
Seit 8/1991 Motor, Verlegerin und Initiatorin des Einfrau-Verlags „wort und mensch“ in Köln

Seitdem Herausgeberin von 19 Anthologien und 32 Kunstkarten und vielen Reiseerzählungen.
Waltraud Weiß unterstützt „CATS“ Kinderallianz Ägypten und Karla Schefters Krankenhaus in Afghanistan.
Sie leitet zwei Literaturkurse: „Frauen lesen für Frauen“ in Köln und „Literatur-pur“ in Leverkusen.
Am 9. Juni 2006 erhielt Waltraud Weiß durch den OB der Stadt Köln, Herrn Schramma, die Verdienstmedaille des Verdienstordens der Bundesrepublik Deutschland in einer Feierstunde im Hansesaal des Historischen Rathauses zu Köln.
Die Urkunde ist am 21. März von dem Bundespräsidenten Horst Köhler unterschrieben.

Bettina Witte
Leinfelden-Echterdingen

1968 Tübingen, Studium der Romanistik und Germanistik an der Universität Tübingen, Sprachdozentin (Frz., Ital., Deutsch) in der Erwachsenenbildung, Autorin, Rezensentin und Herausgeberin, verh., 1 Tochter.

„Wie kam ich zu Else?
Die „stärkste und unwegsamste lyrische Erscheinung des modernen Deutschland“ wurde sie 1910 von Karl Kraus genannt. So kam es mir nicht vor, als ich das erste Mal in der Schule etwas von Else las, und es dann schnell wieder beiseite legte wie all meine Klassenkameraden. Doch dann fand ich keine Ruhe, wollte es noch mal lesen und kam zu dem Ergebnis, dass Else eine ganz außergewöhnliche Frau gewesen sein musste. Sie gab sich Namen, die ihre Außenseiterposition betonten: Räuber, Vagabund, der über die Bürger lacht, Herumtreiber. Sie war einfach anders als die Anderen, und das faszinierte mich – bis heute und auf ewig. Deshalb halte ich es auch mit Karl Kraus und gehe oft die lyrischen Wege dieser „unwegsamsten“ Erscheinung Else.

Margarete Wohlfarth
Leverkusen

Else kam zu ihr – aus Theben, „recht eckig" gezeichnet und ziemlich verrückt, heute noch.
Sie beherbergte Else in ihrem Zimmerchen. Dort machte Else sich breit. Sie spielten Jussuf und Ruben (so heißt heute einer ihrer Enkel) und malten sich aus, wie „verrückt-anders" sie heute noch immer die Welt auf den Arm nehmen würden. Und dann lachten sie. So spielerisch entstanden Margarete Wohlfarths Bilder, die sich während des Zeichnens durch eine Eigendynamik erst entwickelten und – sie selbst erstaunten. Da hat doch tatsächlich Else „mitgewirkt".

Bilder: Arbeitsweise im Original:
Rohrfeder, Sepiatusche – laviert – im Wechselspiel zwischen Realität und Abstraktion.
In daraus entstehender Eigendynamik entstanden Gedankenbilder, die das Wesentliche der Thematik festhalten. Der Strich des Flüchtigen, Momentanen ist gewollt.

Thematik der Bilder:
Else Lasker-Schüler war Prinz Jussuf und König von Theben zugleich. Sie lebte in ihrer wortgewaltigen Bildsprache in prächtigen, orientalischen Palästen, gewandet u.a. in Pumphosen, Sternenmantel und Schnabelschuhen. Musikanten, Gaukler, illustre Gäste in fantasievollen Kleidern belebten die Feste am Hof.

„Gedankenbilder" sind käuflich bei Margarete Wohlfarth zu erwerben.

Wo Sie was finden: